INKLUSION
–
WENN ANDERSSEIN NORMAL IST

VON DER BASLER WEBSTUBE ZUM WOHNWERK

Stiftung WohnWerk (Hg.)
Christoph Merian Verlag

INHALT

4 **GRUSSWORT**
von Marina Meijer

5 **EDITORIAL**
von Barbara Thiévent-Gloor

6 **LEBHAFTER ORT IM BUNTEN QUARTIER**
Simon Jäggi (Text), Jonas Schaffter (Bild)

1
DAS WOHNWERK UND DIE GESELLSCHAFT

12 **FRÜHER AM RAND, HEUTE IM ZENTRUM**
Ueli Mäder

16 **INKLUSION – EIN BEGRIFF MIT VIELEN FACETTEN**
Barbara Jeltsch-Schudel

21 **LEICHTE SPRACHE MACHT WISSEN ZUGÄNGLICH – FÜR ALLE**
Cornelia Kabus / Büro für Leichte Sprache

26 **«GRENZEN ÜBERWINDEN. DARUM GEHT ES DOCH!»**
EIN GESPRÄCH AM RUNDEN TISCH ÜBER DE-INSTITUTIONALISIERUNG
Christine Loriol / Daniel Kasper (Text), Kathrin Schulthess (Bild)

33 **AUF DEM WEG ZUR TEILHABE**
Uwe Armbruster

35 **BEGEGNUNG SCHAFFT VERSTÄNDNIS**
Mark Ehrsam, Mitarbeit: Uwe Armbruster / Daniel Kasper

2
DAS WOHNWERK UND SEINE MENSCHEN

40 **ZWEI WEBSTÜBLER IM TRAM**
Guy Krneta

43 **ZEHN MENSCHEN, ZEHN GESCHICHTEN, ZEHN BILDER**
Christine Loriol / Anina Rether (Text), Kostas Maros (Bild)

3
DAS WOHNWERK UND SEINE TÄTIGKEITEN

66 **DAS WOHNWERK: EIN RUNDGANG**
Esther Keller (Text), Jonas Schaffter (Bild)

73 **«OB WIR DAS KÖNNEN? HEUTE NICHT, ABER MORGEN!»**
Christine Loriol (Text), Jonas Schaffter (Bild)

78 **WIR MACHEN DAS WOHNWERK**
Kathrin Schulthess (Bild)

80 **VON EINER, DIE AUSZOG**
Anina Rether (Text), Kathrin Schulthess (Bild)

4
DAS WOHNWERK UND SEINE GESCHICHTE

86 **TYPISCH BASEL: DAS WOHNWERK UND SEINE VERWURZELUNG IN DER BASLER GESELLSCHAFT**
Daniel Hagmann

88 **EINE IDEE WIRD HUNDERT**
Daniel Hagmann

98 **UND WEITER GEHTS!**
Mark Ehrsam

ANHANG
101 Literatur
102 Wir sind das WohnWerk
103 Kundenliste
104 Stiftungsporträts
106 Kurzbiografie der Fotografen
Bildnachweis
107 Dank
108 Impressum

GRUSSWORT

Wenn das WohnWerk 2017 das hundertjährige Bestehen feiert, dann ist das nicht nur das Jubiläum einer erfolgreichen Institution. Es ist vor allem auch das Jubiläum des Engagements, Menschen mit einer geistigen Beeinträchtigung die Möglichkeit zu bieten, einer Erwerbstätigkeit nachgehen und damit an der Gesellschaft teilhaben zu können.

Dieses Engagement hat vor hundert Jahren zur Gründung der stadtbekannten Basler Webstube geführt, aus der das heutige WohnWerk hervorgegangen ist. Doch nicht nur! Denn schon bald nach der Gründung hat sich der Verein Basler Webstube auch anderer Aufgaben angenommen. Immer ging es dabei darum, weniger begünstigte junge Menschen dabei zu unterstützen, ihren Platz in der Gesellschaft zu finden.

Entsprechend änderte der Verein seinen Namen zum Verein Jugendfürsorge, der neben der Basler Webstube im Verlauf des vergangenen Jahrhunderts die Lehrbetriebe beider Basel LBB, das Aufnahmeheim AHBasel und den Erlenhof in Reinach ins Leben gerufen hat.

Den Verein gibt es heute nicht mehr. Aus ihm ist die Stiftung FOCUS Basel hervorgegangen, und auch die verschiedenen Institutionen wurden in eigenständige Stiftungen überführt.

Mit Blick auf die lange gemeinsame Geschichte kommt mir das Jubiläum des WohnWerks denn auch fast wie eine Familienfeier vor. Für mich stehen bei einer Familienfeier nicht in erster Linie Alter oder Verdienst eines Familienmitglieds im Vordergrund, sondern vielmehr das, was einen als Familie verbindet. Es freut mich deshalb sehr, wenn ich sehe, dass das, was vor hundert Jahren seinen Anfang nahm, noch immer Bestand hat und noch immer zahlreiche Menschen in ihrem Engagement für andere motiviert und verbindet.

So gratuliere ich dem WohnWerk – wohl im Namen der ganzen Familie – und wünsche ihm, dass es sich weiter so mutig, engagiert und zielstrebig für eine Gesellschaft für alle einsetzen möge.

Und der Familie wünsche ich noch viele gemeinsame Familienfeiern.

Marina Meijer
Präsidentin Stiftung FOCUS Basel

EDITORIAL

Hand aufs Herz – reagieren Sie eher gehemmt, wenn Sie Menschen mit einer Beeinträchtigung begegnen? Wissen irgendwie nicht, wie Sie sich ‹richtig› verhalten sollen? Befürchten, etwas ‹Falsches› zu sagen oder zu tun?

Wenn ja, dann geht es Ihnen wie vielen anderen auch. Der Kontakt mit Menschen mit einer Beeinträchtigung ist für viele nicht alltäglich und geläufig und für einige ein Grund, sich unwohl oder gar überfordert zu fühlen. Interessanterweise ist dieses Unwohlsein, ist diese Überforderung mit der Situation häufig gegenseitig.

Seit seiner Gründung als Basler Webstube setzt sich das WohnWerk dafür ein, diese und andere Barrieren zu überwinden und die Teilhabe von Menschen mit Beeinträchtigung an der Gesellschaft möglich zu machen. Und auch heute noch, nach hundert Jahren, ist diese Idee, diese Vision der Teilhabe noch genauso modern und aktuell wie damals.

Heute spricht man dabei von Inklusion. Damit ist gemeint, dass jeder Mensch gleichberechtigt und selbstbestimmt an der Gesellschaft teilhat und von dieser akzeptiert wird. Anders als zu den Anfangszeiten des Wohn-Werks ist Inklusion ein Ziel, dem sich die Gesellschaft als Ganzes verpflichtet hat und das politisch gestützt wird.

Das klingt erst mal erfreulich. Doch wie so häufig drohen grosse Ziele an den kleinen Hürden des Alltags zu scheitern. Wie kann Inklusion unter den eingangs geschilderten verzwickten Umständen realisiert werden? Wie kann es gelingen, dass Menschen mit Beeinträchtigung selbstbestimmt und selbstverständlich am gesellschaftlichen Leben teilhaben?

Mit dieser Publikation will das WohnWerk Wege dazu aufzeigen. Beim Stöbern und Blättern werden Sie neben theoretischen Aspekten auf viele praktische Beispiele stossen, die zeigen, wie Inklusion gelingt und was es dazu braucht. Vor allem werden Sie auch auf die Geschichten vieler Menschen stossen, die nichts anderes möchten, als ein ganz normales Leben zu führen. Arbeiten zu können, sich mit Freunden zu treffen, einen eigenen Haushalt zu führen. Und Sie werden von vielen Menschen erfahren, die sich in der einen oder anderen Form für Inklusion einsetzen.

Vielleicht gehören auch Sie dazu. Und vielleicht finden auch Sie, dass Anderssein ja eigentlich ganz normal ist. Dann wären wir der Verwirklichung von Inklusion einen grossen Schritt näher gekommen.

Barbara Thiévent-Gloor
Präsidentin Stiftung WohnWerk Basel

LEBHAFTER ORT IM BUNTEN QUARTIER

Simon Jäggi (Text)
Jonas Schaffter (Bild)

Die Webstube von einst hat sich geöffnet und ist heute fest in der Stadt verankert. Ob beim Kaffee oder zum Mittagessen: Hier treffen Menschen aus dem Quartier auf Klienten der Werkstätten und andere Anwohner.
Einst ein Ort am Rand der Gesellschaft, ist hier ein Ort voller Begegnungen entstanden.

Es ist früher Morgen. Eine halbe Stunde vor Arbeitsbeginn warten bereits die ersten Klientinnen und Klienten darauf, dass sich die Tür zu den Werkstätten des WohnWerks öffnet.

Quartierbewohnerin Nellie Reinhard trinkt jeden Morgen ihren Kaffee im Bistro. Ihr gefallen die Leute hier, sagt sie.

Als das erste Tram am WohnWerk vorbei durch die Missionsstrasse rollt, ist es früher Morgen. Die Luft ist kalt, der Himmel klar, die Strassen leer bis auf ein paar wenige Autos. Noch schläft das Quartier ‹Am Ring› im Westen von Basel.

Kurz darauf in Birsfelden, am Rand der Stadt. Die ersten Klienten des WohnWerks machen sich auf den Weg zur Arbeit. Bei Brigitte Burri hat der Wecker kurz nach sechs Uhr geklingelt. Aufstehen, frühstücken, dann verlässt sie das Haus. Es ist noch finster, als sie um Viertel vor sieben bei der Tramhaltestelle eintrifft und ins Tram der Linie Nummer drei einsteigt. Brigitte Burri ist nicht die Einzige, die um diese Zeit bereits unterwegs ist in Richtung WohnWerk. Zwei Haltestellen später steigt Christian Schär zu, die beiden treffen sich hier im Tram seit vielen Jahren jeden Morgen zur selben Zeit. «Sali, wie gehts?», begrüsst er sie und setzt sich neben sie auf den freien Sitz. Brigitte Burri erzählt von der bevorstehenden Probe mit dem Chor des WohnWerks. «Und wie war es gestern Nachmittag bei der Arbeit?», fragt sie ihn. «Gut, gut. Streng war es.»

Das Tram rollt weiter, quer durch die Basler Innenstadt. Die Sitzplätze füllen sich mit Passagieren. Nach einer Viertelstunde Fahrt haben Brigitte Burri und Christian Schär ihr Ziel erreicht. Basel, Missionsstrasse. Hier befinden sich seit neunzig Jahren die Gebäude des WohnWerks. Sie steigen aus dem Tram, holen sich in der Bäckerei etwas zu essen, gehen vorbei am Bistro des WohnWerks in den dahinter liegenden Innenhof zum Hauptgebäude, wo die Werkstätten untergebracht sind. Dort stellen sie sich unter das Vordach, wo bereits ein paar weitere Mitarbeitende darauf warten, dass sich die Tür öffnet. In einer halben Stunde ist Arbeitsbeginn. Über der Stadt kündigt sich inzwischen langsam der Tag an. Velos, Autos und Fussgänger bahnen sich in der Dämmerung den Weg durchs Quartier. In der Schneiderei auf der anderen Strassenseite brennt jetzt Licht, und in der Apotheke, ein paar hundert Meter neben dem WohnWerk, stehen die ersten Kunden an der Theke.

Die Webstube kannte jedes Kind

Nicht weit von hier, in der Nähe zur französischen Grenze, liegt der Kannenfeldpark. Wo früher ein Friedhof war, verbringen heute im Sommer Schulkinder und Familien ihre Nachmittage, grillieren zwischen grossen Bäumen und Spielplätzen. Dort, gegenüber dem Parkeingang, lebt Nellie Reinhard. Eine zierliche Frau mit blonden Haaren und Perlenkette. Sie schliesst die Wohnungstür hinter sich zu und macht sich zu Fuss auf den Weg quer durchs Quartier, das sie seit ihrer Kindheit kennt. Das Ziel ihres Spaziergangs: das Bistro im WohnWerk. Als sie eine Viertelstunde später dort ankommt, zeigt die Uhr im Bistro kurz nach neun Uhr. Ein paar der Tische sind bereits besetzt. An der Fensterfront zur Strasse sitzen zwei ältere Damen in ein Gespräch vertieft, ein Handwerker im blauen Overall studiert Kaffee trinkend einen Konstruktionsplan.

Pausenzeit: Bevor der Mittagsservice beginnt, machen die Mitarbeitenden des Bistros zusammen *Znünipause*.

Nellie Reinhard nimmt sich eine Zeitung, an der Theke einen Kaffee und setzt sich an ihren Stammplatz. So, wie sie es immer tut seit – ja, seit wann eigentlich? Sie wendet sich an einen der Mitarbeiter, der gerade Pause macht. «Du, seit wann komme ich zu euch, seit drei Jahren?» – «Wenn ich jetzt sagen würde seit Langem, wäre das unhöflich.» Beide lachen.

Früher begann Nellie Reinhard ihren Tag im Restaurant eines Einkaufszentrums in der Nähe. Als dieses geschlossen wurde, suchte sie einen neuen Ort und fand das Bistro. «Die Leute gefallen mir hier, und Kaffee gibt es auch», sagt sie. Nellie Reinhard verbrachte ihr ganzes Leben in diesem Teil der Stadt. Als sie ein Kind war, hiess das WohnWerk noch Webstube. Ein Begriff war ihr diese bereits damals, allerdings nicht unbedingt im Guten.

Reto Rupf leitet die Quartierapotheke, seine Mittagspausen verbringt er im Bistro.

«Wenn wir als Kinder nicht anständig waren, drohten uns die Erwachsenen manchmal: ‹Wenn du so weitermachst, musst du in die Webstube.›» Heute kommt Nellie Reinhard gerne hierher.

Im WohnWerk klingelt eine Glocke zur Pausenzeit. Das Bistro füllt sich mit Mitarbeitenden aus den Werkstätten, die Lautstärke steigt. «Jetzt kommt dann gleich mein Nachbar», sagt Nellie Reinhard mit einem Augenzwinkern. Kurz darauf tritt ein älterer Mann an den Tisch, schmale Schultern, die Brille etwas schräg auf der Nase, die Haare stehen wild vom Kopf. Er begrüsst Nellie Reinhard mit einem lauten «Sali Vreni, wie gehts?» und setzt sich ihr gegenüber an den Tisch. Ein Früchtemüsli essend, erzählt er von seiner Arbeit in der Werkstatt, wo er zurzeit Schmetterlinge herstellt. Eine Viertelstunde später muss er zurück zur Arbeit. Nellie Reinhard wünscht ihm einen schönen Tag. Sie liest die Zeitung zu Ende, macht sich dann auf den Weg zum morgendlichen Einkauf und steigt vor dem WohnWerk ins nächste Tram.

Der Apotheker von nebenan

In der Bistro-Küche bereiten die Klienten unter Anleitung des Küchenchefs inzwischen das Essen vor. Es ist elf Uhr, und bis zum Mittag bleibt noch einiges zu tun: das Fleisch anbraten, Salat rüsten. Rund 140 Essen gehen hier jeden Tag über die Theke. An Mitarbeitende, Klienten und immer öfter auch an Gäste aus dem Quartier, die hier ihre Mittagspause verbringen.

Einer von ihnen ist Reto Rupf, Leiter der benachbarten Pilger-Apotheke. Eine Viertelstunde nach zwölf stellt er seinen Computer in den Ruhemodus, schliesst die Tür hinter sich ab und macht sich zu Fuss auf den Weg zum Bistro. Er kenne das Quartier seit dreissig Jahren, so lange arbeite er bereits hier. «Das WohnWerk ist ein enorm wichtiger Ort für das Quartier und die Stadt, ich habe viel Respekt vor der Arbeit, die dort geleistet wird», sagt Rupf unterwegs. Im Bistro angekommen, sind die meisten Plätze bereits besetzt. Der Apotheker legt seine Jacke über einen freien Stuhl, grüsst die Mitarbeitenden und holt sich an der Theke das Mittagessen: Salat, Suppe und hausgemachtes Cordon bleu mit Pommes. Die Portionen, die zwei Mitarbeiter auf die Teller geben, sind reichlich, der Preis von 12.50 Franken ausgesprochen günstig. «Und das Essen ist wirklich ausgezeichnet», sagt Rupf, zurück an seinem Platz.

Er kommt fast jeden Mittag hierher, allerdings nicht ganz ohne Folgen. «Seit ich regelmässig hier esse, habe ich gewichtsmässig schon etwas zugelegt», sagt Rupf. Doch für ihn zeichne nicht nur das Essen den Ort aus, sondern auch die Atmosphäre und die Natürlichkeit der Mitarbeitenden. Er erzählt davon, wie sehr die Stimmung im Bistro davon abhänge, ob der FC Basel gewonnen hat, mit welcher Begeisterung manche von ihrer Arbeit erzählen. Und von einer Begegnung im vergangenen Sommer, als er draussen auf dem Vorplatz des Bistros beim Mittagessen sass. «Im ersten Stock, wo die betreuten Wohnungen sind, schaute eine Bewohnerin aus dem Fenster und rief mir zu: ‹Weisch, mir gefällt es hier.› Da lachte ich und sagte ihr: ‹Schön, mir auch!›»

Kartoffeln raffeln für 140 Personen: In der Bistro-Küche ist Teamarbeit gefragt.

Wie ein kleines Zuhause

Es ist halb eins. Auf den Strassen fliesst träge der Mittagsverkehr, und am Ende der Missionsstrasse beim Spalentor warten Elsbeth und Werner Senn auf das nächste Tram. Das Ehepaar ist stark mit dem Quartier verbunden, beide leben seit vierzig Jahren hier. Das WohnWerk kennen sie dem Namen nach bereits seit Langem. «Die Mitarbeiter der Webstube, wie sie damals hiess, hat man auch häufig im Quartier gesehen», sagt Werner Senn. Seine Frau Elsbeth Senn hatte einige Jahre in einer Bäckerei gearbeitet. «Auch da kamen manchmal Mitarbeiter aus dem WohnWerk und haben nach dem Feierabend bei uns noch etwas

Eine Prise Humor gehört im Bistro stets dazu.

Süsses gekauft.» Einen eigentlichen Bezug zum Wohn-Werk hatten sie jedoch keinen, bis dann vor einigen Jahren das Bistro eröffnet wurde.

Dorthin sind sie auch an diesem Mittag unterwegs. Inzwischen haben die beiden ihren Stammplatz, der Küchenchef setzt sich gerne zu ihnen an den Tisch, und auch viele der Mitarbeitenden kennen sie mit Namen. Mit einigen sei es schon fast ein freundschaftlicher Umgang. «Eine Frau aus dem WohnWerk sehen wir manchmal beim Einkaufen», sagt Werner Senn, «wenn sie uns dann sieht, ruft sie von Weitem: ‹Grüezi Herr Senn, Grüezi Frau Senn.› Quer durch den ganzen Laden.» Diese direkte Art, miteinander umzugehen, das gefalle ihnen. Für sie, sagen die beiden, sei der Ort auch ein kleines Zuhause geworden.

Es ist bereits Mittag vorbei, das Bistro hat sich geleert. Nur Herr und Frau Senn sitzen noch mit dem Küchenchef beim Kaffee. Dann müssen auch sie los, sie machen sich auf den Weg zu einer Freundin auf der anderen Seite des Rheins. Reto Rupf ist bereits seit einiger Zeit wieder zurück in der Apotheke, wo er Bestellungen kontrolliert, und Nellie Reinhard tut, was sie an Nachmittagen am liebsten tut, sie spaziert ausserhalb der Stadt durch die Wälder. Während die Mitarbeitenden in der Bistro-Küche Kartoffeln schälen und den Lachs für den nächsten Tag vorbereiten.

Um Viertel nach vier herrscht im Quartier noch immer reges Treiben, als in den Werkstätten im WohnWerk die Glocken klingeln. Feierabend. Ein paar Minuten später öffnet sich der Haupteingang, und in kleinen Gruppen treten die Mitarbeitenden heraus in die Nachmittagssonne. Unter ihnen auch Brigitte Burri und Christian Schär. Gemeinsam spazieren sie zur Tramstation, machen kurz halt in der Bäckerei und warten auf das nächste Tram in Richtung Birsfelden. «Das war ein langer Tag», sagt Christian Schär etwas müde. Brigitte Burri summt neben ihm ein Lied aus ihrer Chorprobe. Seit vierzig Jahren arbeitet sie hier im WohnWerk, so lange wie wenig andere. «Und mir gefällt es immer noch gut.» Dann kommt das Tram Nummer drei in Richtung Birsfelden. Die beiden steigen ein und fahren stadtauswärts aus dem Quartier. Bis zum nächsten Morgen.

Simon Jäggi

lebt in Basel. Nach seinem Studium in Journalismus und Kommunikation an der Fachhochschule Winterthur arbeitete er als Redaktor bei ‹Radio Basilisk› und der ‹TagesWoche› in Basel. Seit 2015 ist er als freischaffender Journalist fürs Radio sowie für Online- und Printmedien tätig. Sein Schwerpunkt liegt auf den Themen Gesellschaft und Umwelt, und er hat ein ausgeprägtes Interesse für Hinterhöfe und Hintergründe.

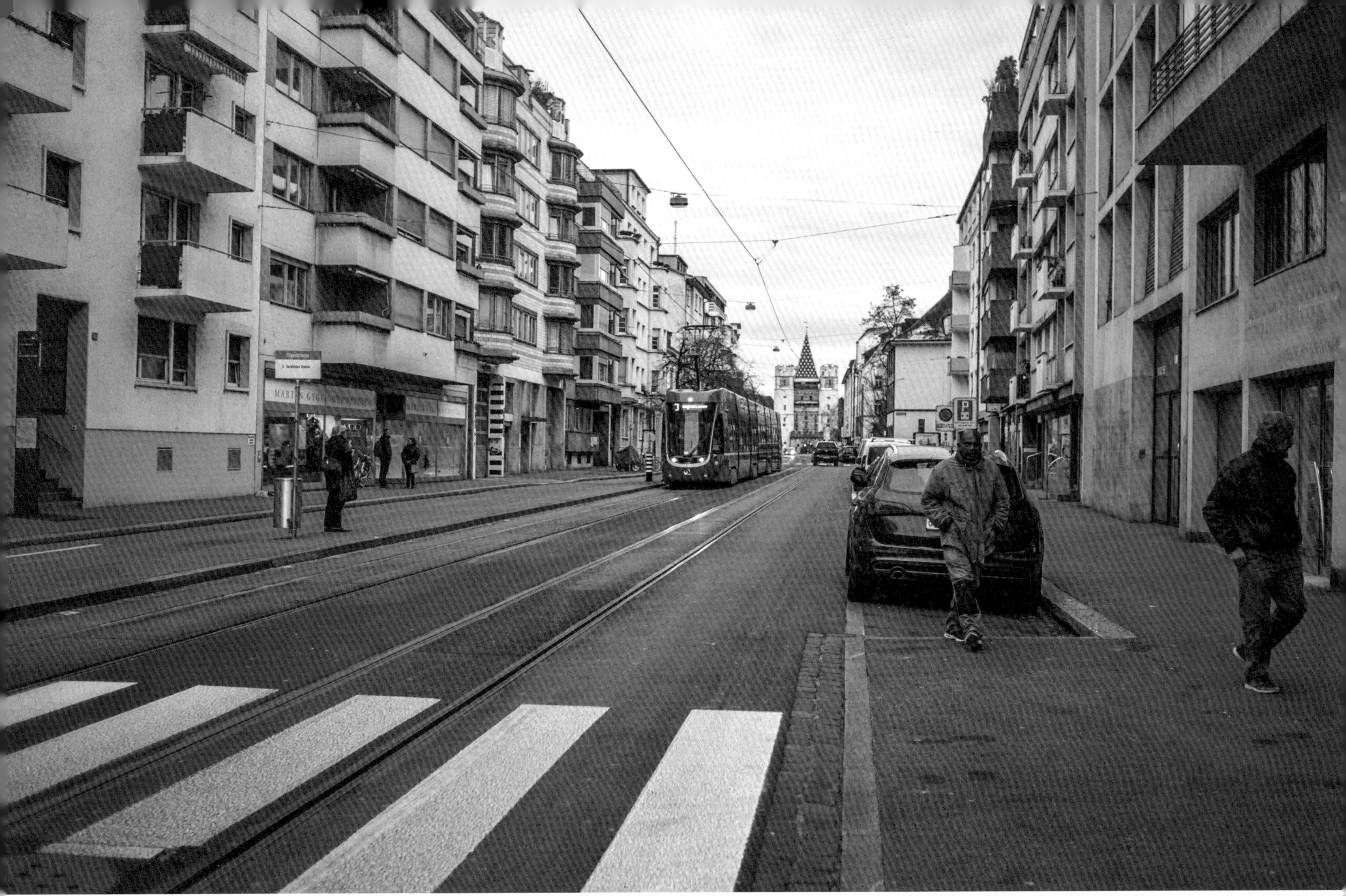

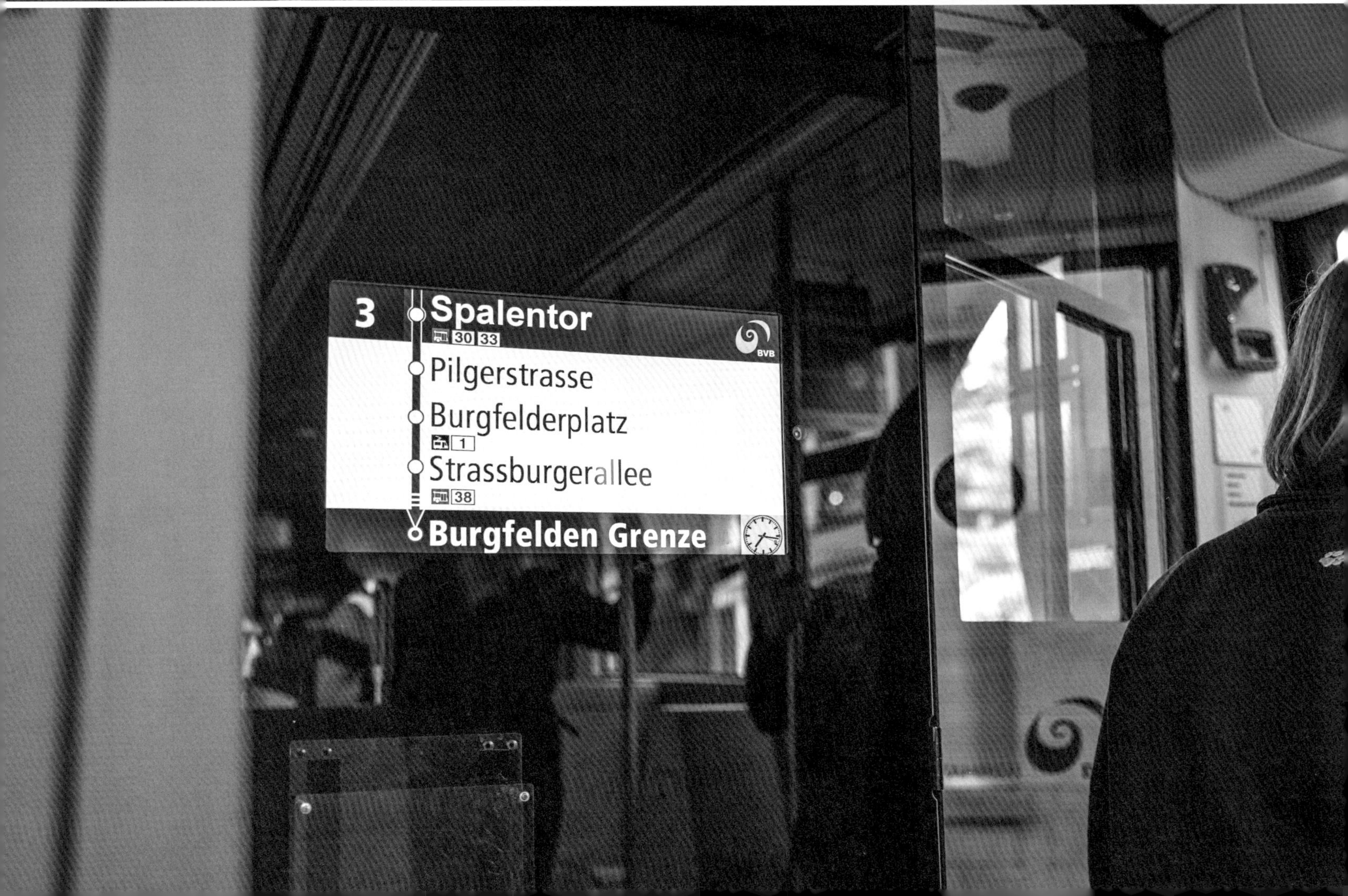
3
Spalentor
30 33
BVB
Pilgerstrasse
Burgfelderplatz
1
Strassburgerallee
38
Burgfelden Grenze

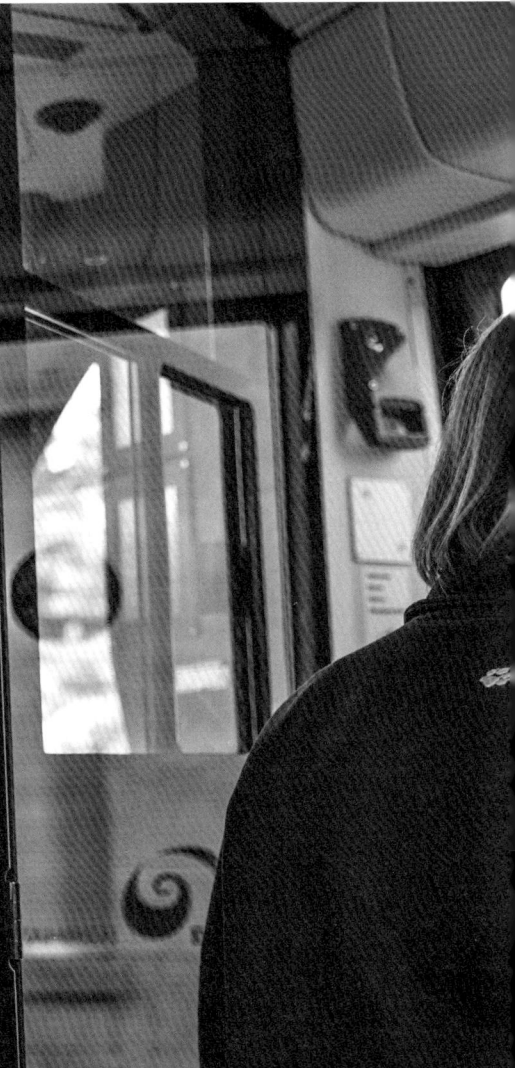

1

DAS WOHNWERK UND DIE GESELLSCHAFT

FRÜHER AM RAND, HEUTE IM ZENTRUM

Ueli Mäder

Die Stiftung WohnWerk fördert die gesellschaftliche Akzeptanz und Inklusion von Menschen mit einer geistigen Beeinträchtigung. Sie bietet geschützte Arbeits- und Wohnplätze an. Die Teilhabe an der produktiven Arbeit soll die soziale Integration fördern und an vorhandene Kompetenzen anknüpfen. Das WohnWerk setzt diese Anliegen engagiert um. Dabei verlangen der soziale und technologische Wandel vielfältige Anpassungen.

Symbolisch lässt sich das Jahr 1989 erwähnen. Damals kam der letzte Webstuhl ins Museum. Er stammte noch aus der alten Webstube, aus der später das WohnWerk entstand. Der Webstuhl diente während Jahrzehnten dazu, eigene Produkte herzustellen. Inzwischen ist die Produktion längst ausgeweitet und normiert. Das WohnWerk verrichtet umfassende Auftragsarbeiten. Damit nehmen auch einseitige Abhängigkeiten zu. Das WohnWerk ist keine autonome Insel. Es will möglichst eigenständig sein, kooperiert aber eng mit staatlichen und wirtschaftlichen Einrichtungen, wobei es diese subsidiär ergänzt. Manchmal muss das WohnWerk diese Bande mehr berücksichtigen, als ihm lieb sein kann. Die Wirtschaft will rentieren und der Staat sparen. Das WohnWerk muss immer wieder an die Solidarität appellieren, die laut christlicher Soziallehre unabdingbar zur Subsidiarität gehört.

Eine Begegnung

Es ist schon ein paar Jahre her: Wir begegnen uns fast täglich, Michel und ich. Zuerst gehen wir aneinander vorbei. Dann nicken wir uns zu, zunächst flüchtig und fast ein wenig verschämt, dann mehr zugewandt. Einmal bleibt Michel stehen. Er schaut mich lange an, stellt sich vor und fragt: «Wer bist du?» Seither bleiben wir ab und zu stehen, wenn wir uns sehen. Wir tauschen ein paar Worte aus und wünschen uns einen guten Tag, bevor Michel weiter zu einer der Werkstätten des WohnWerks schlendert.

Michel erzählt mir viel vom WohnWerk. Er betont, wie streng er da arbeitet: «Was für ein Stress!» Das sagt er eher stolz denn hadernd. Zu Hause muss er auch viel helfen, obwohl er lieber diskutiert, Radio hört und fernsieht. Zum Beispiel ‹Telebasel›, ‹Sieben vor sieben› – mit Nachrichten aus der Region. Blöd ist nur, dass um sieben Uhr das Abendbrot auf dem Tisch steht. Dann muss Michel mit seinen Eltern essen, kurz nachdem die Sendung begonnen hat. Und nach dem Abendessen muss Michel das Geschirr abtrocknen, bevor er noch einen Film anschauen darf. Wenn seine Eltern müde sind, muss er ebenfalls schlafen gehen. Er würde lieber noch ein wenig über die Sendung reden. Umso mehr freut er sich auf die nächste Arbeitspause mit seinen Kollegen. «Dann können wir schwätzen.» Während der Arbeit sagt ihm sein Chef ab und zu: «Meh liefere statt lafere.» Und Michel entgegnet ihm, er kenne diesen Spruch. Und: «Ich will nicht immer müssen.» Dann lachen beide. Ja, Michel sagt, was er denkt. Und er denkt viel.

Mitten in der Gesellschaft

Das WohnWerk befindet sich mitten in Basel. Indem sich die Stadt ausdehnte, ist es auch örtlich vom Rand ins Zentrum gerückt. Dahin, wo es von seiner Bedeutung her gehört. Denn das WohnWerk kümmert sich um Menschen mit einer Beeinträchtigung. Und der Mensch steht im Mittelpunkt der Gesellschaft. Das betonen Leute aus der Wirtschaft und der Politik gerne. Vielleicht denken sie dabei auch an sozial Benachteiligte. Schön wär's. Wobei Menschen doch einfach Menschen sind. Allerdings bestehen Unterschiede. Es gibt Arme und Reiche. Und es gibt Menschen, die mehr oder weniger beeinträchtigt sind.

Deshalb ergründet und thematisiert das WohnWerk, wie wir mit diesen Unterschieden umgehen sollten. Dabei interessiert auch, was unser Verhalten über uns und die Gesellschaft aussagt, in der wir leben.

Ein ehrwürdiges Postulat lautet, dass alle Menschen gleich zu behandeln seien. Es stammt aus der Aufklärung. Aber wenn wir Ungleiches gleich behandeln, bleibt es ungleich. Dann zurren wir die Unterschiede sogar fest. Wenn wir sie hingegen möglichst klein halten und ausgleichen wollen, müssen wir vor allem jene Menschen fördern, die am meisten auf Unterstützung angewiesen sind. Wichtig ist, dass dies möglichst auf gleicher Augenhöhe geschieht. Das WohnWerk weist in seinen Grundlagen aus guten Gründen darauf hin. Denn wir sind alle stets gefährdet, Unterschiede hierarchisch als Gefälle zu bewerten, weil wir uns so selbst ein wenig auf den Sockel hieven können. Das ist verlockend.

Die Kunst besteht darin, Differenzen wahrzunehmen und sorgfältig abzuklären, was sie ausmacht, verfestigt oder aufweicht. So können wir Unterschiede erkennen. Die einen verlangen Gleichbehandlung, andere einen spezifischen Umgang. Bei mehr physischen Beeinträchtigungen ist es zum Beispiel eher möglich, die körperliche Beweglichkeit herauszufordern, als bei psychischen, die vorwiegend seelische Entlastung verlangen. Im Umgang mit Unterschieden sind viel Professionalität und Gespür dafür gefragt, was möglich und hilfreich ist. Das WohnWerk verfügt da über einen beachtlichen Fundus.

Professionalität und Sensibilität

Zum professionellen Umgang mit Menschen mit einer Beeinträchtigung gehören fundierte fachliche Kenntnisse; zudem viel selbstkritische Reflexivität und Sensibilität. Das ist unabdingbar. Denn wir lassen uns im hektischen Geschehen gerne von voreiligen Annahmen leiten, die wir dann ins Arbeitsfeld projizieren. So bestätigen wir vermeintlich Bekanntes. Das führt dazu, Differenzen an dem vorbei zu konstruieren, was sich im gewöhnlichen Alltag sinnlich wahrnehmen lässt. Wichtig ist daher, wie das WohnWerk seine Erfahrungen immer wieder faktisch basiert und transparent mit anderen ‹Wahrheiten› kontrastiert. Das hilft, sich verstehend und erklärend Differenzen anzunähern, ohne sie zu überhöhen oder zu tabuisieren. Diese schwierige Gratwanderung fordert das WohnWerk in einem gesellschaftlichen Umfeld heraus, das komplexe Begebenheiten gerne simplifiziert.

Einfache Bilder von ‹Beeinträchtigten› und von den Kosten, die sie verursachen, sind trügerisch. Vordergründige Klarheiten täuschen Gewissheiten vor, die über das Gepolter hinausreichen, das an einzelnen Stammtischen zu hören ist. Das WohnWerk kommuniziert anders, ansprechend und differenziert. Es regt auf seiner Homepage und in seinen Publikationen zum Nachdenken an. Die authentischen Informationen lassen uns fragen, wie normal unsere Normalität ist und was im Leben wirklich wichtig ist. Weiterführend ist zudem die Praxis, der Öffentlichkeit einen sinnlichen Einblick in das eigene Innenleben zu gewähren. Das WohnWerk lädt beispielsweise zu Tagen der offenen Tür ein. Es führt ein Bistro, das mitten im Quartier ein Ort der Begegnung ist. Hinzu kommen Konzerte der eigenen Hausband, die im Musical-Theater schon unvergesslich mit dem Basler Sinfonieorchester zusammen auftrat.

Und was macht das WohnWerk aus dem, was die Gesellschaft aus ihm macht? Es will Menschen mit einer Beeinträchtigung über die Arbeit sozial integrieren. Es hat somit Erwartungen und Aufträge zu erfüllen. Das WohnWerk tut dies selbstbewusst als aktives Subjekt mit einem klar deklarierten Selbstverständnis. Im Vordergrund stehen Menschen mit einer geistigen Beeinträchtigung. Und im Umgang mit ihnen ist eine aufrichtige Haltung zentral, die nach innen und aussen stimmen muss. Menschen mit Beeinträchtigungen haben ein feines Gespür. Sie merken, ob sie wirklich gemeint sind. Floskeln kommen nicht an. Sie verletzen. Nur wer sich selbst ernst nimmt und ehrlich verhält, kann andere wirklich respektieren. Das WohnWerk lebt und pflegt dieses Selbstverständnis recht stimmig. Es nimmt auch seismografisch auf, was Menschen mit einer Beeinträchtigung ausdrücken, und erhellt so viel von dem, was sich gesellschaftlich tut. Diese Spiegelbildfunktion ist von unschätzbarem Wert. Sie führt uns auch heikle Konzessionen vor Augen, die das WohnWerk eingeht, weil unsere Gesellschaft sehr nützlichkeitsorientiert und ökonomisiert funktioniert.

WohnWerk im Wandel der Zeit

Ein Auftraggeber des WohnWerks rechnete mir kürzlich vor, wie sehr sein Unternehmen auf das WohnWerk und den zweiten Arbeitsmarkt angewiesen sei. «Müssten wir für diese Leistungen ordentliche Löhne bezahlen», sagte er mir, «wären wir kaum mehr konkurrenzfähig.» Und ein Mitarbeiter des WohnWerks erzählte mir, wie sehr der Druck spürbar sei, «möglichst rasch, möglichst viel, möglichst günstig» zu produzieren, um weitere Aufträge zu erhalten. Das bekommen auch die Menschen mit Beeinträchtigung zu spüren, die im WohnWerk arbeiten. Einzelne berichten offen, so wie Michel, es gerne etwas gemächlicher zu haben. «Damit die Arbeit wieder mehr Spass macht.» Ja, die verschärfte Konkurrenz katapultiert immer mehr Menschen aus dem ersten Arbeitsplatz, die dann auf geschützte Arbeitsstätten angewiesen sind, in denen der Druck ebenfalls zunimmt. Und hier sind

Menschen mit einer Beeinträchtigung besonders gefährdet, verdrängt zu werden. Zumal sich die soziale Brisanz verschärft.

Nach dem Zweiten Weltkrieg ging in der Schweiz ein politisch liberaler Kompromiss von einem ausgewogenen Verhältnis zwischen Kapital und Arbeit aus. Der soziale Ausgleich diente dem gesellschaftlichen Zusammenhalt. Breite Bevölkerungskreise verbesserten ihre materielle Lage. Der Fahrstuhl fuhr nach oben. Die Beatles sangen: «It's getting better all the time.» Seit Ende der 1980er-Jahre überlagert jedoch ein finanzgetriebener Liberalismus das integrative Verständnis. Er forciert die Konkurrenz und nimmt gläubig an, der Markt bestimme den Wert der Arbeit. Mit diesem Paradigmenwechsel nimmt die strukturelle Erwerbslosigkeit zu. Wenn Maschinen manuelle Arbeiten ersetzen, könnte das zwar eine Chance sein und uns allen mehr freie Zeit bescheren, weil die Produktivität steigt. Es hapert aber bei der Verteilung. So halten Teile der nominell steigenden Löhne mit den Lebenshaltungskosten nicht Schritt. Das führt vor allem zu mehr erwerbstätigen Armen (Working Poor) und prekären Arbeiten. Und das System der sozialen Sicherheit orientiert sich einseitig an der Erwerbsarbeit. Es vernachlässigt neue Lebenslagen. Somit geraten besonders Menschen mit Beeinträchtigungen in Bedrängnis.

Der Reichtum stieg in den vergangenen Jahren in der Schweiz enorm an. Aber die Verteilung blieb sehr ungleich. Und das politische Korrektiv ist nur beschränkt in der Lage, soziale Polarisierungen aufzufangen. Das ‹liebe Geld› drängt seit Ende der 1980er-Jahre offensiver dorthin, wo es sich optimal vermehren lässt. Ein finanzgetriebener Geist durchdringt die Arbeits- und Lebensverhältnisse. Er will auch öffentliche und gemeinnützige Einrichtungen nach Marktmechanismen um- und abbauen. Dazu passt folgende Begebenheit: Eine Studentin erzählte mir, wie sie während der Basler Herbstmesse 2015 vor der Basler Universitätsbibliothek einen älteren Mann beobachtete, der zu Boden fiel und sich dabei am Kopf verletzte. (Mäder/Schwald 2017) Sie half ihm, sich aufzusetzen, alarmierte den Notfalldienst und informierte das Altersheim, in dem der Verunfallte lebt. Die Person, die den Anruf entgegennahm, antwortete spontan: «Oh, das kostet wieder.» Der Spardruck ist offenbar auch in sozialen Einrichtungen sehr präsent. Egal, was er kostet.

Integration

Theorie und Praxis gehören zusammen. Sie befruchten sich gegenseitig. Wichtig ist deshalb die Reflexion der vom WohnWerk angestrebten ‹Inklusion›. Beim Schweizerischen Nationalfondsprogramm 51 über ‹Integration und Ausschluss› hielten wir in unseren Studien (2009) bewusst am Begriff der Integration fest. Kollegen aus Deutschland schlugen vor, ihn durch ein dynamischeres Konzept der ‹Inklusion› zu ersetzen. Wir definierten die Integration schliesslich als Prozess zunehmender sozialer Teilhabe und meinten damit Ähnliches. Wir wandten uns gegen ein lineares und duales Verständnis. Integration lässt sich weder erzwingen noch stets weitertreiben oder zu einer Sättigung steigern. Integration strebt keine Homogenität oder Kongruenz an. Sie ist in Teilbereichen immer wieder neu auszuhandeln. Vorstellungen einer Symbiose behindern lebendige soziale Beziehungen. Das entspricht wohl dem, was das WohnWerk unter ‹Inklusion› versteht.

Prozesse der Integration sind eng mit gegenläufigen Entwicklungen verknüpft, die unabdingbar dazugehören. Indem wir anderen Menschen mit oder ohne Beeinträchtigung näherkommen, realisieren wir auch mehr oder weniger feine Differenzen; wobei sich Grenzen bewegen und verändern lassen. Sie liegen nicht irgendwo am einen oder anderen Ende, an dem dann die Ausgrenzung beginnt. Jeder Schritt ist weiterführend und begrenzt. Dabei ist es wichtig, Differenzen ernst zu nehmen, statt sie zu ignorieren oder hochzustilisieren. Eine stimmige Identität oder Authentizität lässt Ambivalenzen und Widersprüche zu, ohne in Beliebigkeit abzudriften. Offenheit bedeutet nicht, alles offen zu lassen. Und damit kommen wir zur Praxis zurück.

Die Paulus-Akademie bat mich, auf einer Tagung vor Menschen mit einer geistigen Beeinträchtigung und deren Angehörigen einen Vortrag über Integration zu halten. «Sie meinen einen möglichst einfachen Vortrag mit anschaulichen Bildern?», fragte ich zurück. «Nein, einen ganz gewöhnlichen Vortrag», lautete die Antwort. «Die Teilnehmenden verstehen das Wesentliche schon. Und sie wollen vor allem auch diskutieren.» Ich war gespannt und nach meinem Input überrascht, wie viele die Hand hochhielten. Fast alle wollten votieren. Auch Toni. Wir begegnen uns öfter an Handballspielen. Er plädierte vehement «für mehr Ferien». Dann erhielt Michel das Mikrofon, den ich hier überraschend wieder traf, zusammen mit seinen Eltern. Er erklärte: «Ich will nicht immer müssen.» Das kam mir bekannt vor. Ja, Michel sagt, was er denkt. Und er denkt viel. Wie andere Menschen mit einer geistigen Beeinträchtigung auch.

Ueli Mäder

ist emeritierter Professor für Soziologie an der Universität Basel und der Hochschule für Soziale Arbeit. Von ihm stammt unter anderem das Buch ‹macht.ch – Geld und Macht in der Schweiz› (Rotpunktverlag, Zürich 2015).

WohnWerk
LBB Lehrbetriebe Basel
10
Privatareal
wohnwerk

P Zentrum Nord
1008
P Marktplatz
45
P Zentrum Süd
336
P Heuwaage
309
Bahnhof SBB

INKLUSION – EIN BEGRIFF MIT VIELEN FACETTEN

Barbara Jeltsch-Schudel

> Sehr oft und in verschiedensten Situationen wird der Begriff Inklusion eingesetzt. Er wird mit vielfältigen Bedeutungen versehen und in unterschiedlichen Zusammenhängen verwendet. Die folgenden Überlegungen versuchen, den facettenreichen Begriff zu strukturieren und zu konturieren. Inklusion – so lässt sich feststellen – dient als Richtschnur und bildet den Rahmen, um Ungleichheiten und Benachteiligungen zu thematisieren und über die Partizipation aller Menschen nachzudenken.

‹Inklusion› ist ein Schlagwort, das in aller Munde ist und von jedem und jeder mit eigenen Inhalten gefüllt wird. Nicht nur im Bildungsbereich und in der Behindertenhilfe; auch im Zusammenhang mit Menschen mit Migrationsgeschichte oder in Wirtschaftskreisen wird von Inklusion und Exklusion, oft auch von Integration (und Separation) oder von ‹diversity management›/‹inclusion› gesprochen.

Was kann damit gemeint sein? Handelt es sich um einen analytischen Begriff, oder geht es um ein anzustrebendes Ziel, einen zu realisierenden Prozess?

Anlass dazu, sich mit diesen Fragen zu beschäftigen, bietet das Jubiläum des WohnWerks Basel zu seiner hundertjährigen Geschichte. Auf seiner Homepage hält das WohnWerk nämlich fest: «Die Stiftung WohnWerk engagiert sich für die gesellschaftliche Akzeptanz und die Inklusion von Menschen mit einer Beeinträchtigung.»

Was ist es, wofür sich das WohnWerk engagiert? Was ist unter Inklusion zu verstehen? Die folgenden Ausführungen versuchen, diesen facettenreichen Begriff zu strukturieren und etwas zu konturieren.

Inklusion und Exklusion

‹Inklusion›, inclusio, abgeleitet vom lateinischen Verb *includere*, bedeutet ‹Einschliessung›, ‹Einsperrung› (Pons); ‹Exklusion› wird mit ‹Ausschliessung›, ‹Abweisung› übersetzt. Es scheint, dass sich aus diesen beiden Wörtern, die ursprünglich beide einen negativen Sinn hatten, ein Begriffspaar mit gegensätzlicher Konnotation entwickelte. Während für Exklusion die negative Bedeutung des Ausschliessens und Abweisens beibehalten wurde, änderte sich das Verständnis von Inklusion. Aus dem einengenden Einschliessen wurde eher ein Umschliessen, das sinngemäss mit Geborgenheit und Zugehörigkeit zu tun hat. Trotz oder gerade wegen der Veränderung ihrer Konnotation bleiben Exklusion und Inklusion als Wortpaar aufeinander bezogen. Damit ist gemeint, dass Inklusion ohne Exklusion und umgekehrt eigentlich nicht denkbar ist.

Die Suche nach Bedeutungen und Definitionen des Wortes ‹Inklusion› in der Fachliteratur verschiedener wissenschaftlicher Disziplinen ergibt eine interessante Beobachtung: Einerseits zeigt sich ein übereinstimmendes Bild, in dem Inklusion durchgängig eine positive Färbung hat.

Andererseits sind die Definitionen von Inklusion sehr unterschiedlich; sie beinhalten verschiedenste Elemente. Die genauere Betrachtung lässt bei aller Verschiedenheit der Definitionen eine weitere Unterscheidung zu, nämlich dass Inklusion ‹analytisch-beschreibend› verstanden werden kann oder ‹präskriptiv› beziehungsweise ‹normativ›, also als etwas, was anzustreben ist, wofür man sich engagieren will.

Inklusion als beschreibender Begriff

In der Soziologie, genauer in der Systemtheorie, wird Inklusion als ‹analytisch-deskriptiver› Begriff verstanden. Es wird von der Annahme ausgegangen, dass sich unsere westliche Gesellschaft im Laufe ihrer Geschichte funktional differenziert hat. Das heisst, dass sich innerhalb der Gesellschaft immer mehr verschiedene Bereiche herausgebildet haben, die unterschiedliche Funktionen haben, wie etwa das Wirtschaftssystem oder das Bildungssystem.

Alle Menschen, so wird gefordert, sind Mitglieder dieser unserer Gesellschaft, also inkludiert. Aber – und dies leuchtet unmittelbar ein – nicht jeder und jede gehört jedem Teilsystem an. Ein Schüler, eine Schülerin geht zur Schule, ist also in das Bildungssystem inkludiert. Gleichzeitig ist er/sie vom Arbeitsmarkt (der zum Wirtschaftssystem gehört) exkludiert, weil ein Kind im Schulalter ja keine Arbeitsstelle hat. Dies bedeutet, dass man in verschiedenen Teilsystemen inkludiert sein kann und von anderen exkludiert ist. Zudem verändern sich Zugehörigkeiten und Ausschlüsse im Laufe des Lebens, beispielsweise bezüglich Schule und Arbeit. Die Bemerkung, dass Inklusion ohne Exklusion eigentlich nicht denkbar sei, gilt also für die Teilsysteme.

Die Wahlmöglichkeiten, in welche gesellschaftlichen Teilsysteme man inkludiert sein will, sind nicht unbegrenzt. Wären alle Menschen in allem gleich, könnte davon ausgegangen werden, dass jeder und jede prinzipiell und jederzeit Zugang zu allen Systemen hat. Unterschiedlichkeiten, wie etwa das bereits erwähnte Lebensalter, bestimmen jedoch die Möglichkeiten zur Inklusion. Auch andere Faktoren wie Geschlecht, Herkunft oder eine Beeinträchtigung oder Behinderung sind ebenfalls beeinflussend. Die Anzahl der Wahlmöglichkeiten ist also nicht für alle Menschen gleich. Eine Ungleichheit besteht darin, dass für den Zugang zu einem System bestimmte (sichtbare) Kriterien definiert werden. Nur wer diese erfüllt, wird inkludiert. Kriterien können beispielsweise darin bestehen, dass eine bestimmte Leistung erbracht werden muss. Wer diesen Anforderungen nicht genügt, hat keinen Zugang, wird also exkludiert. Es zeigt sich (empirisch), dass die Exklusion aus einem bestimmten System häufig weitere Exklusionen aus anderen Systemen nach sich zieht, sodass sich die Auswirkungen kumulieren können. So könnte es geschehen, dass jemand, der im Bildungssystem nicht genügt, einen erschwerten Zugang zum Wirtschaftssystem hat, weil er/sie keine adäquate oder gar keine Berufsausbildung absolvieren kann, und in der Folge in einer ökonomisch ungünstigen Situation leben muss. Und diese wiederum kann Auswirkungen auf die Gestaltung des Alters haben.

Ein Zugang, der aus irgendeinem Grund nicht möglich ist oder verwehrt wird, verweist auf Normen und Werte, die dann eine Rolle spielen.

Inklusion als normativer Begriff

Die verschiedenen Inklusions- und Exklusionserfahrungen – dies zeigt ihre Analyse – führt bei den einzelnen Menschen zu sehr unterschiedlichen Lebenssituationen, je nachdem, wie, wo und wann sie in welche gesellschaftlichen Teilsysteme inkludiert oder exkludiert werden.

‹Inklusion› bedeutet möglicherweise, mehr Chancen für die Gestaltung des eigenen Lebens zu bekommen, mehr Möglichkeiten zu haben, ein ‹gutes Leben› zu führen. ‹Exklusion› kann die Teilhabe eines Menschen an einem gesellschaftlichen Gut erschweren und sich negativ, ja vielleicht sogar prekär auf ihn auswirken.

Bei diesen Überlegungen kommen Werte und Normen ins Spiel, die in unserer Gesellschaft eine Rolle spielen. Sie definieren das ‹gute Leben› mit. Und sie implizieren die Fragen danach, wer denn ein Recht auf ein ‹gutes Leben› habe.

Soll ein Recht allen Menschen zugestanden werden, so muss es geregelt werden. Wesentliche Grundlage zur Festlegung von Rechten bieten die Menschenrechte, die allgemein anerkannt werden und gewissermassen einen Minimalkonsens von Wertsetzungen vorgeben. Genauere Regelungen über die Umsetzung finden sich in Staatsverfassungen. In der Bundesverfassung (BV) der Schweiz wird bei den allgemeinen Bestimmungen die Chancengleichheit unter den Bürgerinnen und Bürgern (BV Art. 2 Abs. 3) festgeschrieben. Im Rahmen der Grundrechte ist die Rechtsgleichheit (BV Art. 8) festgehalten. Diese bezieht sich explizit auf beide Geschlechter (BV Art. 8 Abs. 3), verbietet Diskriminierung (BV Art. 8 Abs. 2) und sieht «Massnahmen zur Beseitigung von Benachteiligungen der Behinderten» vor (BV Art. 8 Abs. 4). Beschäftigt man sich mit den Konsequenzen dieser rechtlichen Grundlegungen, so kann man zweierlei daraus ableiten:

Das Diskriminierungsverbot und die Beseitigung von Benachteiligungen zielen darauf ab, dass allen Menschen, so verschieden sie auch seien, dieselben Chancen zur Verfügung stehen sollen; oder anders formuliert, dass alle Menschen als ‹gleich› gelten und aufgrund dessen inkludiert sind.

Die Beseitigung von Benachteiligung erfordert jedoch eine nicht-gleiche Behandlung von Menschen. Denn die Voraussetzungen, welche die einzelnen Menschen mitbringen, erfordern ‹besondere› Massnahmen, damit alle ‹gleich› sind und somit jeder oder jede die gleichen Zugangsmöglichkeiten zu allen Gesellschaftssystemen hat.

Dieser Widerspruch ist unauflösbar und zeigt, dass Inklusion nicht ein Begriff ist, dem ein absoluter Wert beigemessen werden kann. Denn um ein ‹gutes Leben› führen zu können, sind je nachdem exkludierende oder inkludierende Massnahmen erforderlich.

Je nach Perspektive kann Exklusion eine inkludierende Wirkung zeigen oder Inklusion eine Exklusion zur Folge haben. Es ist sowohl von exkludierender Inklusion als auch von inkludierender Exklusion die Rede. Eine inkludierende oder exkludierende Massnahme als negativ oder positiv zu bewerten, obliegt allein den Betroffenen.

Differenz und Heterogenität
Die Unklarheit, welche bezüglich ‹gleich› und ‹ungleich› festzustellen ist, verweist auf Unterschiede zwischen den Menschen. In den Gesetzesartikeln werden einige genannt: so beispielsweise das Geschlecht oder die Herkunft. Unterschiedlichkeiten werden oft unter dem Begriff Differenz subsumiert. Dabei kann unterschieden werden zwischen Differenz, die als Charakteristikum eines Menschen, als Faktum angesehen wird, und Differenz, die durch etwas entsteht beziehungsweise konstruiert ist.

Am Beispiel verschiedener Verständnisse von Beeinträchtigung oder Behinderung lässt sich dies illustrieren:

‹Beeinträchtigung oder Behinderung› kann in einem individuellen Verständnis als biologisch-medizinisch verursacht betrachtet und in diesem Fall als Eigenschaft eines Menschen verstanden werden. Dies bedeutet, dass die Differenz auf ein bestimmtes Merkmal zurückgeführt wird und zwischen behindert und nichtbehindert scheinbar klar unterschieden werden kann.

‹Beeinträchtigung oder Behinderung› kann als ein Phänomen verstanden werden, das in der Kommunikation zwischen Menschen entsteht. Ob eine Interaktion gelingt oder nicht, hängt dabei von den Verständigungsmöglichkeiten der an der Interaktion Beteiligten ab. Zuhören, verstehen und antworten gehört ebenso dazu wie sich mitteilen. Auch Rollen und Machtverhältnisse in Interaktionssituationen beeinflussen das Gelingen der Verständigung. Wenn Behinderung in der Interaktion zwischen Menschen entsteht, dann ist sie nicht mehr einem Einzelnen zuzuschreiben. Zwischen behindert und nichtbehindert ist eine Unterscheidung oder Grenzziehung nicht möglich.

‹Beeinträchtigung oder Behinderung› kann durch Hürden und Barrieren entstehen, welche die Möglichkeiten der Teilnahme an gesellschaftlichen Angeboten oder – wie oben angetönt – die Zugänglichkeit zu den verschiedenen Teilsystemen der jeweiligen, also unserer Gesellschaft erschweren oder verhindern. Solche Barrieren können sich als konkrete Hindernisse erweisen, die ein Mensch beispielsweise mit den ihm zur Verfügung stehenden motorischen Fähigkeiten nicht überwinden kann. Sie können aber auch in sozialen oder psychischen Bereichen liegen. Auch in diesem Verständnis kann keine eindeutige Grenze gezogen werden, wer als behindert und wer als nichtbehindert zu gelten hat.

Damit wird deutlich, dass es sich bei ‹Beeinträchtigung oder Behinderung› um vieldeutige Begrifflichkeiten handelt. Diese Vielfältigkeit wird auch in der ICF, der ‹Internationalen Klassifikation der Funktionsfähigkeit, Behinderung und Gesundheit der WHO› (verkürzt oft als ‹funktionale Gesundheit› verstanden), aufgenommen. Das bio-psycho-soziale Modell ist grundlegend und komplex konstruiert und als Bedingungsgefüge angelegt. Das bedeutet, dass es sich um Wechselwirkungen der Komponenten und nicht um Kausalitäten handelt. In der Konkretisierung der einzelnen Komponenten des Modells werden Codes formuliert, welche eine Diagnose erstellen lassen. Diese dient dazu, Hilfe, Unterstützungs- und Therapiebedarf festzustellen mit der letztlichen Zielsetzung, dass alle Menschen an allen möglichen Gesellschaftsbereichen partizipieren können.

Unterschiedlichkeiten, also Differenz, spielen nicht nur in Beziehungen einzelner Menschen eine Rolle, sondern auch in Gruppen. Gruppen bestehen aus mehreren Menschen, die per se unterschiedlich sind. Daher gibt es genau gesehen keine in allen Belangen homogenen Gruppen, wie dies in gewissen Gesellschaftssystemen fälschlicherweise unterstellt (oder eher imaginiert) wird. Vielmehr handelt es sich stets um heterogene Gruppen.

Diese Feststellung hat Konsequenzen: Menschen entwickeln ihre Identität in einem Balanceakt von persönlichen und sozialen Anteilen und Einflüssen. Für das Leben in Gruppen stehen sie vor der doppelten Aufgabe, sich als einmaliges Subjekt zu verstehen und darzustellen und zugleich als Mitglied der Gruppe möglichst wie alle anderen zu sein. Dies erfordert ein ausgewogenes Umgehen mit Aspekten der Zugehörigkeit und der Eigenständigkeit.

Für den Umgang mit heterogenen Gruppen in sozialen Systemen (wie etwa im Bildungs- oder im Wirtschaftssystem) sind daher Formen der gleichzeitigen adäquaten Berücksichtigung von Regeln und Normen (für alle die gleichen) und Individualitäten und Unterschiedlichkeiten (für jeden die seinen) zu finden.

Diversität und Intersektionalität

Heterogene Gruppen sind gekennzeichnet durch eine Vielfalt von Mitgliedern. Verschiedenheit und Vielfalt werden im Begriff der Diversität, oder gebräuchlicher auf Englisch ‹diversity›, zusammengefasst.

In den USA lebt – historisch bedingt – eine Vielfalt von Menschen mit vielen Unterschieden. Man denke dabei an die verschiedenen (Einwanderungs-)Gruppen, an die vielen Sprachen, Hautfarben, Religionen und Lebenssituationen. Zum besseren Verständnis dieser hohen Vielfalt und Verschiedenheit werden seit Langem in mehreren wissenschaftlichen Disziplinen und politischen Gruppierungen Differenzkategorien diskutiert, die Ungleichheiten beschreiben. Die mittlerweile klassischen Kategorien sind ‹class› (Schicht, Herkunft, Bildung, Beruf etc.), ‹race› (Ethnizität, Hautfarbe, Religion etc.) und ‹gender› (Geschlecht biologisch und sozial, Sexualität). Weitere sind dazugekommen, insbesondere ‹dis/ability› und ‹age› (Alter).

Niemand (wie dies auch in der Bundesverfassung der Schweiz steht) darf wegen seiner Hautfarbe, seines Geschlechts, seiner Herkunft und so weiter benachteiligt werden. Daher müssen im Wirtschaftssystem Möglichkeiten gefunden werden, mit Diversität umzugehen. ‹Diversity Management› wird zum Kernbegriff, zur Herausforderung, die Verschiedenheit der im Wirtschaftssystem Tätigen nicht als Problem, sondern als Potenzial zu erkennen und entsprechend zu handeln. Multikulturelle Organisationen – so zeigen Studien – können den Mitarbeitenden Vorteile bieten, auch Vorteile im Bezug auf eine Klientel, die ebenfalls hohe Diversität aufweist.

Für den Erfolg reichen allerdings Diversität und das Wissen um deren Potenzial allein nicht aus. Das Verständnis von Differenz (wie weiter oben beschrieben) spielt eine wesentliche Rolle. Die Vorstellung, dass Differenz starr und ein Faktum sei, erweist sich dabei als nicht zielführend. Vielmehr ist Differenz hier als Konstruktion zu verstehen, die sich in der Interaktion von ich und du entwickelt, also im sozialen Umgang der unterschiedlichen Menschen, die im Arbeitsprozess miteinander zu tun haben.

Es genügt auch nicht, eine Vielfalt unterschiedlicher Menschen in den Arbeitsprozess einzubeziehen. Eine Kultur der Vielfalt muss gewollt sein; sie muss erarbeitet, gestaltet und ständig weiterentwickelt werden. Mit ‹inclusion› wurde offenbar ein Begriff gefunden, welcher ebendies umschreibt. So findet sich in der neueren Fachliteratur häufig die Begriffsverbindung ‹diversity management and inclusion›.

‹Diversity› verweist auf Unterschiedlichkeiten. Diese können als Differenzkategorien konzeptualisiert werden. Sie beschreiben Ungleichheiten, die zu Ungleichgewichten führen; diese wiederum bergen das Potenzial von Gewalt in sich. Die Folgen sind Benachteiligung, Diskrimination und Unterdrückung.

Jeder Mensch hat ein Geschlecht, eine Herkunft, ein Alter und so weiter, was seine Identität und seine Lebenssituation bestimmt. Die Kombination der Differenzkategorien kann sich je nach Kontext unterschiedlich auswirken. In ihrer Arbeit als Anwältin stellte die amerikanische Juristin Kimberlé Crenshaw fest, dass schwarze Frauen durch ihr Geschlecht und ihre Hautfarbe (gender, race) nicht nur doppelt benachteiligt sind, sondern dass sich die beiden Differenzkategorien mehr als additiv auswirken. Dies fasste sie im Bild einer Überkreuzung und prägte den inzwischen vieldiskutierten Begriff der Intersektionalität. ‹Intersectionality› ist in den USA vor allem von ‹Women of color›, also schwarzen Frauen, entwickelt worden. Etwas später wurde der Diskurs auch in verschiedenen Ländern Europas aufgegriffen und weitergeführt. Wesentlich an der Konzeptualisierung von Intersektionalität ist es, dass das gleichzeitige Zusammenwirken sozialer Ungleichheiten fokussiert wird, das heisst, dass die Wechselwirkungen der Differenzkategorien zentral sind.

Wie ‹diversity› ist auch ‹intersectionality› eine Konstruktion, die versucht, Unterschiedlichkeiten von Menschen und ihre Auswirkungen auf deren Lebenssituation zu fassen. Im Gegensatz zu ‹diversity›, womit Heterogenität, Vielfalt und Verschiedenheit deutungsoffen beschrieben wird, geht es bei ‹intersectionality› um die Analyse sozialer Ungleichheiten und Machtverhältnisse, mit dem letztendlichen Ziel einer Veränderung der Situation. So gesehen ist ‹diversity› eher als beschreibender und ‹intersectionality› als normativer Begriff zu verstehen.

Inklusion und Partizipation

Inklusion – so mögen die bisherigen Ausführungen gezeigt haben – ist ein Begriff, der sich nicht so einfach und klar fassen lässt.

Inklusion ist zwischen beschreibend und normativ zu verstehen, in Gegensätzlichkeit verbunden mit Exklusion, situiert auf mehreren Ebenen (Individuum und dessen Identitätsentwicklung, gesellschaftliche Teilsysteme und Gesellschaft), zusammenhängend und Bezug nehmend auf Differenz, Diversität und Intersektionalität. So vielgestaltig zeigt sich Inklusion!

Welche Bedeutung hat dies nun für alle, die sich wie das WohnWerk für Inklusion engagieren wollen?

Sich für etwas einzusetzen, erfordert, Zielsetzungen anhand von gemeinsam anerkannten und getragenen Werten und Normen zu formulieren und diese in einem Prozess der Kooperation umzusetzen. Inklusion in ihrem Facettenreichtum eignet sich dafür nur bedingt, da eine Einengung auf einzelne Aspekte notwendig wäre. Dies ist jedoch nicht wünschenswert, weil gerade die Offenheit der Verständnisse von Inklusion es auch ermöglicht, Fussangeln, Schwierigkeiten, Gefährdungen oder Problemstellungen zu erkennen.

Für ein überzeugtes Engagement scheint mir, dass es einen Begriff mit einem eindeutiger umschriebenen Inhalt braucht, der greifbarer und damit besser umsetzbar ist. In einer Institution wie dem WohnWerk geht es um unterschiedliche Menschen, die miteinander verschiedene Bereiche teilen, wie Wohnen, Arbeiten, Feiern und vieles mehr. Man kann dies damit konkretisieren, dass jeder und jede seinen beziehungsweise ihren Platz hat, sich zugehörig fühlt und eigenständig sein kann, ernst genommen und geachtet wird; kurz: zusammen mit anderen lebt. Dies lässt sich vielleicht präziser mit ‹Partizipation›, also Teilhabe und Teilnahme umschreiben. Der Begriff Inklusion kann dann dank seiner Vielgestaltigkeit als Rahmen zur Reflexion darüber eingesetzt werden, ob das, wofür man sich engagieren will, noch immer und weiterhin für alle stimmig sei.

Barbara Jeltsch-Schudel
ist Titularprofessorin für Sonderpädagogik und leitet das Studienprogramm Klinische Heilpädagogik und Sozialpädagogik an der Universität Freiburg/Schweiz. In Lehre und Forschung beschäftigt sie sich mit verschiedenen Themen, so etwa mit der Situation von Familien mit behinderten Angehörigen, mit Entwicklung, Lernen, Altern unter den Bedingungen einer Behinderung, mit Down-Syndrom sowie mit Identität und Intersektionalität.

LEICHTE SPRACHE MACHT WISSEN ZUGÄNGLICH – FÜR ALLE

Cornelia Kabus / Büro für Leichte Sprache

Viele Menschen mit kognitiver Beeinträchtigung können durchaus lesen – und doch haben sie keinen Zugang zu wichtigen Informationen, weil die Texte zu komplex daherkommen. Deshalb wurde das Konzept der Leichten Sprache entwickelt. Die kurze Zusammenfassung des Beitrags ‹Inklusion – ein Begriff mit vielen Facetten› (siehe Seite 16) veranschaulicht, wie ein Fachtext in eine einfachere, leichter verständliche Textform übertragen werden kann.

Leichte Sprache – die Bezeichnung scheint selbsterklärend. Und doch ist der Ausdruck irreführend. Denn um eine gesprochene Sprache, wie es der Begriff impliziert, handelt es sich dabei nicht. Die Leichte Sprache könnte man vielmehr als eine besondere Textform des Deutschen bezeichnen. Fachtexte oder Informationen mit komplexem Aufbau werden in diese einfachere, leichter verständliche Textform übertragen.

Spricht man von einer ‹Übersetzung› in Leichte Sprache, dann meint man damit also eher die Umformulierung eines Textes. Eine Übersetzung im herkömmlichen Sinne ist es schon aus dem Grund nicht, weil die Zielgruppe nicht ‹Leichte Sprache› spricht: Die Muttersprache der Hauptzielgruppe – Menschen mit kognitiver Beeinträchtigung – ist Deutsch.

Allen Lesern der Leichten Sprache ist dabei eines gemeinsam: Sie können zwar lesen, haben jedoch kaum Lesepraxis. Deshalb ist ihnen vieles nicht geläufig, das wir aus der Schriftsprache kennen: zum Beispiel Sonderzeichen, gewisse schriftliche Formulierungen, komplexer Satzbau. Auch müssen oft selbstverständlich erscheinende Konzepte des täglichen Lebens nachvollziehbar erklärt werden.

Dafür hatte ursprünglich das Netzwerk Leichte Sprache Deutschland Regeln für den deutschen Sprachraum entwickelt. Später wurden diese Regeln von der Forschungsstelle Leichte Sprache der Universität Hildesheim linguistisch überprüft und angepasst. Einerseits wurden die Regeln dadurch zu einem wertvollen Instrument für die Übersetzer, mit dem sie verständliche Texte möglichst schnell und effizient vereinfachen können. Andererseits gewährleisten die überarbeiteten Regeln auch, dass korrektes Deutsch verwendet wird, die Leichte Sprache also orthografisch und grammatikalisch korrekt daherkommt.

Dies ist auch deshalb so wichtig, weil Leichte Sprache Inhalte für Personen zugänglich macht, die sonst keinen Zugriff darauf hätten. In der Debatte um die Leichte Sprache geht oft vergessen, dass das geringe Leseniveau der Hauptzielgruppe nichts mit fehlender Lernbereitschaft zu tun hat, sondern mit unüberwindlichen Einschränkungen wie kognitiver Beeinträchtigung oder Demenz. Ohne leicht verständliche Texte bleibt ein wichtiger Teil unserer Gesellschaft ausgeschlossen. Die Leichte Sprache sorgt also dafür, dass für viele Menschen das Recht auf Teilhabe keine juristische Worthülse bleibt.

Was ist Inklusion?

Heute reden viele Menschen von Inklusion.

Das Wort «Inklusion» kommt aus der latein·ischen Sprache.

Das Wort bedeutet heute «Um·schliessung».

Man meint damit:

    Jemand gehört dazu.

Das WohnWerk sagt:

    «Wir wollen eine **inklusive Gesell·schaft**.»

«Inklusive Gesell·schaft» bedeutet:

    Die Gesell·schaft schliesst alle Menschen mit ein.

    Alle Menschen sollen mitmachen können.

Es gibt viele verschie·dene Bereiche in einer Gesell·schaft.

In einer Gesell·schaft leben viele ver·schiedene Menschen.

- Menschen sind ver·schieden alt.
- Es gibt Männer und Frauen.
- Manche Menschen haben vielleicht eine Be·einträchti·gung.

Deshalb gibt es viele verschie·dene Bereiche in einer Gesell·schaft.

Zum Beispiel:

    Ein Schüler gehört zum Bereich Schule.

    Der Schüler macht vielleicht in der Freizeit Sport.

    Dann gehört der Schüler auch zum Bereich Sport.

    Aber ein Schüler ist noch zu jung zum Arbeiten.

    Deshalb gehört der Schüler noch **nicht** zum Bereich Arbeit.

Ein Mensch gehört also **nie** zu allen Bereichen von der Gesell·schaft.

Für manche Bereiche muss man etwas Bestimmtes <u>sein</u>.

Zum Beispiel:
> In den Kinder·garten gehen nur kleine Kinder.
> Für den Kinder·garten muss ein Kind ungefähr 4 bis 7 Jahre alt **sein**.
> Ein Kind ist älter als 7 Jahre?
> Dann gehört das Kind **nicht** mehr zum Bereich «Kinder·garten».
> Das Kind gehört jetzt zum Bereich «Schule».

Für manche Bereiche muss man etwas Bestimmtes <u>können</u>.

Jemand hat eine Be·einträchti·gung?

Dann **kann** der Mensch vielleicht etwas **nicht**.

Und der Mensch kann in vielen Bereichen **nicht** mitmachen.

Oft kann der Mensch eine bestimmte Schule **nicht** besuchen.

Der Mensch sucht eine Arbeits·stelle?

Das ist für einen Menschen mit Be·einträchti·gung besonders schwer.

Zum Beispiel:
> Frau Müller **kann nicht** sehen.
> Deshalb kann Frau Müller viele Berufe **nicht** machen.
> Frau Müller denkt sich:
>> «Ich kann gut hören.
>> Ich kann gut Fremd·sprachen sprechen.
>> Deshalb möchte ich **Dol·metscherin** werden.»
>
> Aber die Lehrer an der Dol·metscher·schule sagen:
>> «Als Dol·metscherin müssen Sie auch lesen können.
>> Deshalb dürfen Sie **nicht** an unsere Schule kommen.»
>
> Da hat ein Lehrer eine Idee:
>> «Wir schreiben die Texte in Blinden·schrift.
>> Oder wir lesen die Texte vor.
>> Dann kann Frau Müller unsere Schule besuchen.»

* Dol·metscher
Ein Dol·metscher übersetzt Texte von einer Sprache in eine andere Sprache. Der Dol·metscher übersetzt zum Beispiel französi·sche Texte ins Deutsche.

Die anderen Lehrer sind ein·verstanden.

Jetzt kann Frau Müller Dol·metscherin werden.

Wir können Hinder·nisse beseitigen.

Im Alltag gibt es viele Hinder·nisse für Menschen mit einer Be·einträchti·gung.

Zum Beispiel:
- Treppen.
- Texte in schwerer Sprache.

Deshalb müssen wir bestimmte Dinge in der Gesell·schaft verändern.

Zum Beispiel:
- Es gibt Niederflur·trams.

    Dann können Rollstuhl·fahrer **ohne** Hilfe einsteigen.
- Es gibt Texte in Leichter Sprache.

    Dann können Menschen mit Lern·schwierig·keiten sich selbst in·formieren.

Wir haben die Hinder·nisse beseitigt?

Dann braucht jeder Mensch **nicht** mehr so viel Hilfe von anderen Menschen.

Dadurch wird jeder Mensch selbst·ständiger.

Und jeder Mensch hat mehr Möglich·keiten im Leben.

Dafür setzt sich das WohnWerk ein.

«GRENZEN ÜBERWINDEN. DARUM GEHT ES DOCH!»

Ein Gespräch am runden Tisch über De-Institutionalisierung

Christine Loriol / Daniel Kasper (Text)
Kathrin Schulthess (Bild)

Mit ‹Institutionalisierung› werden Mechanismen und Automatismen bezeichnet, die in die individuelle Lebenswelt eingreifen, Selbstständigkeit unterbinden und Menschen letztlich auch in eine erlernte Hilflosigkeit treiben. Andererseits bedeutet ‹Institution› auch Dienstleistung in Form von Begleitung, Unterstützung und Hilfe. Nach hundert Jahren WohnWerk, nach Integration und Inklusion ein Blick in die Zukunft: Führt der Weg der Institution WohnWerk in die De-Institutionalisierung?

Wenn von De-Institutionalisierung die Rede sein soll, muss erst geklärt werden, was darunter verstanden wird. Uwe Armbruster, was bedeutet De-Institutionalisierung für Sie als Geschäftsleiter des WohnWerks?

Wenn man De-Institutionalisierung konsequent zu Ende denkt, würde sie bedeuten: Man kann für die Arbeit mit Menschen mit Beeinträchtigung Institutionen wie das WohnWerk abschaffen. Viele Entwicklungen sind in den vergangenen hundert Jahren erfolgt oder angedacht worden. Dem WohnWerk geht es heute darum, Menschen zu befähigen, ihre Geschicke selber in die Hand zu nehmen und von professionellen Begleitpersonen unabhängiger zu werden. Konkret etwa, dass Menschen in der Werkstatt in die Planung ihrer Arbeit eingebunden werden. Es gibt in der Begleitung noch sehr viel zu tun, bevor wir darüber nachdenken können, ob es das WohnWerk noch braucht. Für eine De-Institutionalisierung müssen wir die Gesellschaft mit ins Boot holen. Dafür bräuchte es auch Arbeitsplätze in der freien Wirtschaft. Deshalb kommt den Institutionen die Aufgabe zu, zwischen ‹drinnen› und ‹draussen› zu vermitteln. Wir müssen zeigen, dass Menschen mit Beeinträchtigung arbeiten können und wollen. Und dass sie selbstständig leben können und wollen.

José Ornstein, Sie arbeiten im WohnWerk. Wie de-institutionalisiert ist es für Sie jetzt schon?

Ich wohne selbstständig und arbeite im WohnWerk. Vor zehn Jahren habe ich in einer anderen Institution ebenfalls in einem Bistro gearbeitet. Damals hiess es, ich könne wegen meiner Rechenschwäche nicht an der Kasse tätig sein. Wir haben es hier geschafft, dass ich im Bistro arbeiten und auch mit der Kasse umgehen kann. Ich habe etwas erreicht, und zwar in einem halbgeschützten Bereich. Unser Bistro ist öffentlich, und wir haben Kontakt mit der Gesellschaft. Es gibt heute noch immer Menschen, die überfordert sind, wenn sie Behinderte bei der Arbeit sehen. Die Gesellschaft muss erst bereit sein, bevor es keine Institutionen mehr braucht.

Islam Alija, Sie vertreten den Verein selbstbestimmung.ch. Wie de-institutionalisiert leben Sie und Ihre Mitstreitenden?

Alle unsere Mitglieder leben und arbeiten selbstständig. Unsere Haltung zur De-Institutionalisierung ist klar: Wenn man sie

26

José Ornstein (links) arbeitet seit 2013 im WohnWerk Basel im Bereich Hauswirtschaft / Bistro. Er lebt mit seiner Frau in einer eigenen Wohnung in Basel. Uwe Armbruster (rechts) war von 2011 bis 2017 Geschäftsleiter des WohnWerks Basel.

vorantreiben will, muss ein Wechsel von der Objektfinanzierung zur Subjektfinanzierung stattfinden. Das heisst, dass die Mittel nicht an die Institutionen gehen, sondern an die betroffenen Menschen. Ausserdem gibt es Hunderte von Behindertenorganisationen und Institutionen, aber in keiner einzigen sitzen Betroffene an den entscheidenden Stellen. Aber nur wenn wir uns selbst vertreten können, werden wir in der Gesellschaft auch wahrgenommen.

José Ornstein müsste als Wohn-Werk-Mitarbeiter beispielsweise auch im Stiftungsrat sitzen?
    Islam Alijaj: Ja. Wieso sollte ein behinderter Mensch nicht eine Position in einer Behindertenorganisation einnehmen? Und nicht nur dort, sondern auch in den politischen Gremien. Wenn die Behindertenorganisationen fordern, dass die Wirtschaft mehr Menschen mit Beeinträchtigung aufnimmt, sollten sie selber mit gutem Beispiel vorangehen. Eine Beteiligung in Werkräten und in Beiräten ist aber nur eine Zwischenlösung. Wir meinen nicht, dass man Heime und Institutionen auflösen sollte. Sie sind letztlich Dienstleistungsunternehmen. Wir versuchen aber, auf einer übergeordneten Ebene politisch zu denken und zu handeln.

Christoph Fenner, Sie leiten die kantonale Behindertenhilfe. Was ist Ihre Haltung als Vertreter des Kantons Basel-Stadt zur De-Institutionalisierung?
    Wir finanzierten in der Vergangenheit Institutionen wie das WohnWerk, damit diese sich um Personen mit Beeinträchtigung kümmern. Das ist unser Auftrag vom Bund. Grundlage sind das kantonale Staatsbeitragsgesetz und entsprechende finanzielle Abgeltungen. Wir bezahlen bisher keine frei verfügbaren Beiträge an eine einzelne Person. Die sogenannte Objektfinanzierung ist ein sehr altes System mit Vor- und Nachteilen. Seit Januar 2017 geht der Kanton Basel-Stadt aber einen grossen Schritt in Richtung Subjektfinanzierung. Wir befinden uns heute in einer Übergangsphase, in der wir zum ersten Mal tatsächlich den Bedarf eines Menschen in den Mittelpunkt stellen. Doch die Bedarfsbestimmung ist insbesondere bei Personen, die bereits lange im System sind, immer noch stark von Institutionen abhängig. Der Angleichungsprozess wird sich über Jahre einspielen müssen. Aber es ist ein erster notwendiger Schritt, wenn man die UN-Behindertenrechtskonvention ernst nimmt.

Daniela Marzari, Wissenschaftliche Mitarbeiterin bei der Fachstelle Behindertenhilfe und zuständig für das WohnWerk

Islam Alijaj, Präsident des Vereins selbstbestimmung.ch in Dübendorf. Er ist unter anderem Mitglied der Arbeitsgruppe Nationale Behindertenpolitik/UN-BRK von Inclusion Handicap. Er ist verheiratet und lebt selbstständig.

Ändern Sie das System aus Überzeugung oder aus finanziellen Überlegungen?

Christoph Fenner: Der Kanton Basel-Stadt hat die Grundlagen gemeinsam mit dem Nachbarkanton Basel-Landschaft bereits vor Jahren in dem gemeinsamen Konzept verankert. Die finanziellen Überlegungen sind nur ein Teil davon. Der Kanton erkennt einen steigenden Bedarf und stellt für den Planungszeitraum 2017 bis 2019 entsprechende Mittel bereit. Aber es gab bisher keine Möglichkeit, die Kosten – ausser über eine Angebotsbeschränkung – überhaupt zu steuern. Und das ist eine schlechte Variante, da wir vom Bund dazu verpflichtet sind, ein bedarfsgerechtes Angebot zur Verfügung zu stellen.

Sie wollen das Geld nicht sparen, sondern besser ausgeben?

Christoph Fenner: Die zur Verfügung stehenden Mittel sollen bedarfsgerechter verwendet werden. Wo kein tatsächlicher Bedarf besteht, braucht es auch keine Finanzierung. Da sind wir auch allen Steuer- und Sozialversicherungszahlenden verpflichtet. Der Ursprung ist, dass sich der Kanton Basel-Stadt ein Behindertenhilfegesetz gegeben hat, in dem eine bedarfsgerechte Finanzierung sowie eine stärkere Teilhabe festgehalten sind. Die Erhebung des Bedarfs fällt zwar präziser und individueller aus, ist aber eben auch aufwändiger. Das Subjekt in den Mittelpunkt der Betrachtung zu stellen, ist aus meiner Sicht jedoch unaufhaltsam. Innerhalb der Schweiz gibt es bisher nur vier Kantone, die bereits in diese Richtung denken: Die beiden Basel, Bern mit einem ganz anderen Ansatz sowie Zug.

Daniela Marzari, Sie sind im Auftrag des Kantons Basel-Stadt Leistungsverantwortliche für das WohnWerk. Was ist Ihre Sicht?

Die neuen Systeme der Finanzierung gehen in die richtige Richtung, weil sie den Menschen in den Mittelpunkt stellen und gute Rahmenbedingungen setzen,

28

damit eine De-Institutionalisierung überhaupt stattfinden kann. Grundsätzlich ist eine Angebotsvielfalt wichtig. Es gibt viele verschiedene Arten von Behinderung. Dem müssen wir auch gerecht werden.

> «Wir befinden uns heute in einer Übergangsphase, in der wir zum ersten Mal tatsächlich den Bedarf eines Menschen in den Mittelpunkt stellen.»
>
> Christoph Fenner, Leiter Behindertenhilfe Departement für Wirtschaft, Soziales und Umwelt des Kantons Basel-Stadt

In der bereits erwähnten UN-Behindertenrechtskonvention heisst es unter anderem, jeder Mensch mit Beeinträchtigung solle wohnen und arbeiten können, wo er will. Wie wird man allen Menschen gerecht, auch denjenigen, die sehr viel Unterstützung brauchen?

Islam Alijaj: Jeder Mensch kann auf irgendeine Art und Weise kommunizieren. Es gibt in Deutschland eine schwerstbehinderte Frau, die nicht sprechen kann. Aber im Kopf ist sie klar. Sie hat es geschafft, selber ein Augenalphabet zu entwickeln, mit dem sie kommuniziert. Und auf der ganzen Welt gibt es Menschen mit Down-Syndrom, die akademische Diplome haben. Man muss Rahmenbedingungen schaffen, damit alle so selbstständig leben können, wie es nur geht. Der Staat darf nicht davon ausgehen, dass jemand etwas nicht kann.

Aber was ist mit Menschen, die auf der kognitiven Ebene in ihrer Entwicklung so sehr eingeschränkt sind, dass das Verständnis von gestern, heute und morgen völlig fehlt?

Uwe Armbruster: Wir wollen Menschen befähigen. Das steht für uns im Zentrum. Bei Personen mit mehrfachen Beeinträchtigungen arbeiten wir seit einigen Jahren mit dem Konzept der funktionalen Gesundheit. Wir finden heraus, was ein Mensch im Verlauf eines 24-Stunden-Tages selber tun kann, um sein Leben zu gestalten und an der Gemeinschaft teilzunehmen. Wir exerzieren den Tag Stunde für Stunde durch: Was passiert im Wohnhaus? Was übernimmt die Begleitung, was macht die Person selber? Die Kaffeemaschine wird beispielsweise sehr oft von der Begleitperson eingeschaltet, weil es schneller geht, auch wenn der begleitete Mensch das eigentlich selber könnte. Wir können auch innerhalb der Institution etwas verändern. Es gibt Menschen, die immer eine gewisse Begleitung brauchen werden. Aber wo genau sie notwendig ist, müssen wir miteinander herausfinden und diskutieren. Gute Teilhabe ist möglich, vielfältige Teilhabe ist möglich.

José Ornstein: Ich möchte etwas aus meinem Alltag hinzufügen. In unserem Hausdienst gibt es verschiedene Aufgaben, von der Reinigung bis zum Zusammenfalten der Wäsche. Jeder Dienst hat eine Checkliste. Zu Beginn dachte ich, dass ich das nicht könne. Mit der Zeit habe ich aber alles gelernt, da ich gut lesen kann und mittlerweile auch vieles auswendig weiss. Und auch Leute, die kein einziges Wort lesen können, ordnen in unserer Abteilung die Wäsche richtig ein, weil sie sich an jeweiligen Farbmarkierungen orientieren. Im Bistro wurde ich anfangs immer nervös, wenn viel los war. Mit der Zeit hat sich das zum Positiven hin verändert. Ich denke, gerade deshalb braucht es Institutionen: damit Begleitung und Entwicklung möglich sind. In der Privatwirtschaft würde ich zum jetzigen Zeitpunkt noch untergehen. Der Druck und der Stress wären zu gross, auch wenn ich dort begleitet würde.

Wie kann die Hilfe und Unterstützung für Menschen, die eine schwere mehrfache Beeinträchtigung (auf körperlicher, kognitiver und/oder Wahrnehmungsebene) haben, hin zu mehr Selbstständigkeit organisiert werden?

Christoph Fenner: Es fängt im Kleinen an. Wir haben im WohnWerk eine Dame getroffen, die ein grosser Hansi-Hinterseer-Fan ist und Fan-Bettwäsche von ihm besitzt. In der klassischen Institution ist das Angebot ‹all inclusive›. Das heisst, der Einzelne kann nicht bestimmen, welche Bettwäsche er bekommt. Die Wäscherei muss funktionieren, und die Bettwäsche ist standardisiert. Diese Institutionalisierung hat rein gar nichts mit kognitiver Beeinträchtigung oder mit der Schwere der Beeinträchtigung zu tun. De-Institutionalisierung würde hier bedeuten, dass jemand in die Entscheidungsprozesse miteinbezogen wird und es gelingt, seine Bedürfnisse im Alltag zu berücksichtigen.

Uwe Armbruster: Als Institutionsleiter gerate ich genau mit dem Thema Bettwäsche in ein Spannungsfeld. Es gibt im WohnWerk Personen, die ihre Wäsche komplett selber machen. Das ist eine tolle Entwicklung. Andererseits nimmt man damit gleichzeitig jemandem eine Aufgabe weg. Die Arbeit ist im Zusammenhang mit De-Institutionalisierung ein enorm wichtiger Aspekt. Ich gehe immer mehr dazu über, nicht mehr von erstem oder zweitem Arbeitsmarkt zu sprechen. Als Institutionsleiter bin ich Arbeitgeber von über zweihundert Personen, von Menschen mit und ohne Beeinträchtigungen. Alle Mitarbeitenden haben einen Arbeitsvertrag, und alle Verträge sehen genau gleich aus. Das Wohn-Werk ist ein Arbeitsmarkt. Wozu also die Unterscheidung?

Islam Alijaj: Ich habe grundsätzlich ein Problem mit dem sogenannten zweiten Arbeitsmarkt. Die Entlöhnung ist erstens nicht angemessen und zweitens nicht an der zweiten Säule der Altersvorsorge angeschlossen. So werde ich mit 65 nur die AHV-Rente erhalten und keine Beiträge aus der zweiten Säule. In einer Zeit, in der immer mehr alte Menschen in Armut geraten, produzieren wir gleichzeitig auch arme, alte Behinderte, die ihr Leben lang im zweiten Arbeitsmarkt gearbeitet haben. Der zweite Arbeitsmarkt gehört abgeschafft. Ganz abgesehen davon: Wenn die Gesellschaft Menschen mit Behinderung vollständig aufnimmt, werden Gesellschaft und Wirtschaft auch gesünder. Im jetzigen Wachstumswahnsinn werden immer mehr Menschen krank. Der Inklusionsgedanke kann für alle eine Vision sein.

José Ornstein: Wir Menschen mit Behinderungen dürfen die Menschen ohne Behinderungen nicht zu sehr überfordern. Ein Freund von mir hat einen unsicheren Gang, als ob er zu viel getrunken hätte. Manche Menschen, die ihm begegnen, können damit nicht umgehen.

Islam Alijaj: ... aber in der Vergangenheit hat man noch alle Menschen mit Behinderungen aus der Gesellschaft separiert! Und was man nicht sieht, existiert nicht. Ich möchte nicht noch einmal fünfzig Jahre so weitermachen. Ich möchte die inklusive Gesellschaft noch erleben.

José Ornstein: Ich verstehe das gut. Aber man kann beide Seiten überfordern: die Gesellschaft und uns Behinderte. Wie gehen wir damit um?

Daniela Marzari: Dazu möchte ich ergänzen: Eine Werkstatt muss sich irgendwann auch gegen den ersten Arbeitsmarkt behaupten und die Globalisierung mitdenken. Für die Produkte, die hier produziert werden, gibt es Kunden. Und diese vergleichen Preisgestaltung und Qualität mit anderen Anbietern. Behinderte Personen sollen gestützt und gefördert werden, da deren Leistungen letztlich mit den Leistungen anderer verglichen werden.

> «Mir ist die Offenheit wichtig, dass es auch anders sein könnte. Und der Wunsch, etwas aufzubrechen und einen anderen Blick zu finden.»
>
> Daniela Marzari, Fachstelle Behindertenhilfe Kanton Basel-Stadt, zuständig für das WohnWerk

Welches könnte Ihr Beitrag sein, um auf dem Weg in Richtung De-Institutionalisierung weiterzukommen?

Uwe Armbruster: Der erwähnten Überforderung auf beiden Seiten begegnet das WohnWerk ab 2018 mit einer Weiterbildung zur Moderation. Wir wollen Menschen weiterbilden, die Gelegenheiten schaffen, damit sich Menschen mit und ohne Beeinträchtigungen begegnen können. Erst dann kann man einander auch erkennen. (vgl. dazu den Beitrag Seite 35)

Daniela Marzari: Der Kanton hat die Aufgabe, Bedingungen zu schaffen, die den Prozess der De-Institutionalisierung auslösen und an dem alle partizipieren. Jeder Einzelne muss einen neuen Blick auf die Person mit Behinderung finden können. Unsere Grundlage dafür ist das Behindertenhilfegesetz.

Christoph Fenner: Genau, unsere Aufgabe ist es nun, die Umsetzung des Behindertenhilfekonzepts zu gewährleisten. Wir müssen dazu bedarfsgerechte Angebote entwickeln und sicherstellen, dass wir die Teilhabe stärken können. Damit dies gelingt, brauchen wir die Institutionen als Partner. Sie sind die Fachleute. Die Institutionen müssen sich ebenfalls weiterentwickeln, wollen sie in der Lage sein, am individuellen Bedarf orientierte Leistungen anzubieten.

Uwe Armbruster: Unsere Verantwortung als Institution ist vielfältig. Die gesetzlichen Rahmenbedingungen durch den Kanton sind wichtig. Das WohnWerk hat einen Stiftungsrat, der unsere Strategie festlegt. Und meine Verantwortung ist es, diese umzusetzen. Dies fällt uns nicht nur leicht, auch mit den neuen Rahmenbedingungen. Es ist deshalb auch unsere Verantwortung, Rückmeldungen zu geben, wo etwas noch nicht funktioniert. Konkret: Mit den 140 Mitarbeitenden, die im WohnWerk einen geschützten Arbeitsplatz haben, müssen wir einen gewissen Umsatz erreichen, damit insgesamt eine schwarze oder eine rote Null resultiert. Diesen Umsatz zu erwirtschaften, ist eine Verantwortung, es wird aber immer schwieriger, ihn zu erreichen. Was passiert,

Christoph Fenner, seit 2014 Leiter der Fachstelle Behindertenhilfe im Departement für Wirtschaft, Soziales und Umwelt des Kantons Basel-Stadt

wenn wir es nicht mehr schaffen? Darüber hinaus haben wir natürlich auch eine gesellschaftliche Verantwortung.

José Ornstein: Jeder hat eine Verantwortung! Meine ist es, mich selber weiterzuentwickeln. Sicherer, ruhiger und selbstständiger zu werden. Und das will ich auch. Ich will nicht, dass meine Begleitperson mir alles vorgibt. Es geht sogar noch weiter: Als letzthin eine Begleiterin krank war, wurde ich aufgefordert, meine Kollegin an der Kasse zu unterstützen. In diese Richtung geht es.

Islam Alijaj: Wir spielen im Moment noch die Rolle der frechen Querulanten. Das ist nicht immer erfreulich, aber wichtig. Eigentlich möchten wir als Selbstvertreter den Behörden in den Kantonen und Gemeinden bei der Umsetzung der UN-Behindertenkonvention beratend zur Seite stehen. Die Institutionen konkurrenzieren uns hier etwas, beispielsweise wenn Studien zur Umsetzung an die Fachverbände der Institutionen vergeben werden. Hier ginge es uns darum, Verflechtungen aufzulösen und andere Spielregeln zu definieren. Wir fragen immer wieder: Wie viele Selbstvertreter sind in diesen Teams und Gremien der Kantone involviert?

Christoph Fenner: Wir sind beispielsweise vom Regierungsrat mit der Erarbeitung eines kantonalen Behindertengleichstellungsgesetzes bis Anfang 2019 beauftragt. Dort ist fest eingeplant, dass wir den Verein selbstbestimmung.ch miteinbeziehen. Das ist uns wichtig. Aber der entsprechende Projektantrag ist aktuell noch in der Erarbeitung. Beim Projekt des Behindertenhilfegesetzes war das kantonale Behindertenforum in der Projektorganisation fest verankert.

Uwe Armbruster: Das Wohn-Werk kann auf die Umsetzung der UN-Behindertenrechtskonvention nicht warten. Wir müssen jetzt handeln. Im Kanton Basel-Stadt hat die Umsetzung des Behindertenhilfegesetzes begonnen. Die geplante Beraterposition des Kantons gegenüber Institutionen sehe ich kritisch. Gerade im Bereich Werkstätten müssten wir uns wie ein Unternehmen in der freien Wirtschaft verhalten. Das können wir aber nicht. Dies hat wiederum Auswirkungen auf die Menschen, die bei uns arbeiten. Wenn wir – und das kann vorkommen – keine Aufträge haben, müssten wir eigentlich auch Kurzarbeit anmelden können. Das ist uns nicht möglich. Während wir die Menschen weiterbegleiten, fehlen Beiträge aus der Produktion.

Christoph Fenner: Und in der Arbeitswelt kommt erschwerend hinzu, dass das Arbeitsrecht nicht kantonales Recht ist. Wir würden manchmal gerne viel mehr wollen, als wir dürfen.

Jetzt sind wir am Punkt der Systemzwänge. Was tun Sie in Zukunft, um in Richtung De-Institutionalisierung zu kommen, und mit wem arbeiten Sie zusammen?

Christoph Fenner: Unsere grösste Herausforderung ist, dass wir einen Systemwechsel vornehmen und sowohl die Institutionen als auch die Betroffenen bei der Stange halten müssen. Mein Fokus liegt im Bereich Wohnen. Wenn wir hier weiterkommen, auch mit den Institutionen, wenn wir ein gemeinsames Verständnis für Qualität finden, für die Weiterentwicklung der Dienstleistung, dann ist viel geschafft. Der Bereich Arbeit ist viel schwieriger aufzubrechen, aber gleichwohl sehr wichtig. Integration funktioniert für die meisten Menschen über die Arbeit. Das müssen wir in den nächsten Jahren angehen.

Daniela Marzari: Mir ist die Offenheit wichtig und der Wunsch, etwas aufzubrechen und einen anderen Blick zu finden. Das sollte von den Institutionen, von den behinderten Menschen und von der Gesellschaft gefördert werden. Meine Verantwortung sehe ich darin, in der Zusammenarbeit mit den Institutionen und im Zusammenhang mit dem neuen Finanzierungssystem darauf hinzuweisen, dass sie den Fokus verändern sollen. Dass sie in der Innovation tätig werden und eine Vermittlerrolle aufbauen sollen. Die Institutionen sollten Menschen befähigen wollen, damit diese auch weitergehen und weiterkommen können. Vielleicht auch in den ersten Arbeitsmarkt.

Uwe Armbruster: Wir setzen fort, was wir angefangen haben, zuerst in der Begleitung. Und wir müssen unsere Mitarbeitenden weiterhin in der Haltung professionalisieren, die dafür nötig ist. Auf institutioneller Ebene müssen wir uns weitervernetzen, auch in der Zusammenarbeit mit dem Kanton. Ich biete uns hier deshalb gleich an: Es ist toll, dass Sie ein kantonales Gleichstellungsgesetz entwerfen. Und wenn es so weit ist, freue ich mich, wenn das WohnWerk den Auftrag bekommt, dieses in Leichte Sprache zu übersetzen.

Islam Alijaj: Wir setzen unsere politische Arbeit fort, damit wir sicherstellen können, dass die UN-Behindertenkonvention auch wirklich umgesetzt wird – und das nicht erst in fünfzig Jahren. Wir werden weiterhin die Selbstständigkeit von Menschen mit Beeinträchtigung in der Schweiz fördern. Und wir arbeiten mit allen zusammen, die dasselbe Ziel haben. Inklusion ist kein reines Behindertenthema. Inklusion betrifft alle.

> «Wenn die Gesellschaft uns nicht kennt, müssen wir sie eben einladen.»
>
> José Ornstein,
> Mitarbeiter WohnWerk

José Ornstein: Ich finde, wir sollten im WohnWerk wieder einmal einen Tag der offenen Tür veranstalten und der Gesellschaft zeigen, was wir tun und was wir können. Viele haben keine Ahnung und unterschätzen unsere Werkstatt sicher. Oder auch das Bistro. Wenn die Gesellschaft uns nicht kennt, müssen wir sie eben einladen. Das Öffnen der Türen oder Grenzen gilt meiner Meinung nach auch für die Zusammenarbeit zwischen den Kantonen. Grenzen überwinden, darum geht es doch!

De-Institutionalisierung

Mit dem Begriff De-Institutionalisierung werden zwei einander bedingende und ergänzende Prozesse in der Entwicklung von Heimen für Menschen mit Unterstützungsbedarf bezeichnet. Als Erstes ist der Prozess der Begleitung angesprochen: Durch Begleitung sollen gemäss diesem Modell alle Strukturen, Planungen und Angebote, welche die Abhängigkeit, Unselbstständigkeit und Fremdbestimmung der Personen mit Begleitbedarf erhöhen – und damit eine Inklusionsbarriere darstellen –, abgebaut werden. Der zweite Prozess betrifft die Heime an sich: Gebäulichkeiten und organisatorische Prozesse sollen so angelegt werden, dass Ausschluss, Ghettoisierung (zum Beispiel durch abgelegene Standorte ausserhalb der Stadt/des Dorfes) und strukturelle Gewalt (zum Beispiel Dienstpläne, welche die individuellen Freizeitbedürfnisse einschränken) erkannt und abgebaut werden.

Christine Loriol
ist Journalistin und Texterin.

Daniel Kasper
ist im Stiftungsrat des WohnWerks für das Ressort Agogik zuständig. Er ist Dozent und Fachberater an der FHNW und seit 25 Jahren in der Aus- und Weiterbildung tätig. Er beschäftigt sich seit mehreren Jahren mit De-Institutionalisierung.

AUF DEM WEG ZUR TEILHABE

Uwe Armbruster

Menschen mit Beeinträchtigung sollen gleichberechtigt an den verschiedenen Aspekten des gesellschaftlichen Lebens teilhaben können. Was für manche utopisch klingt, ist Anspruch und gelebter Alltag des WohnWerks. Und manchmal auch ganz einfach.

Der volle Hörsaal der Hochschule Luzern lässt auf ein interessantes Thema schliessen. Es geht um innovative Wege zur Umsetzung der UN-Behindertenrechtskonvention. Die Schweiz hat die Konvention 2014 ratifiziert und sich damit verpflichtet, Menschen mit Behinderung die aktive Teilhabe am öffentlichen, wirtschaftlichen und sozialen Leben zu ermöglichen. Unter den Zuhörerinnen und Zuhörern im Saal sitzt auch Bettina Quaderer aus Basel. Sie ist geistig beeinträchtigt und arbeitet als Prüferin im Büro Leichte Sprache im WohnWerk. Später berichtet sie einigen Tagungsteilnehmern von ihrer Arbeit. Stolz stellt sie sich den Fragen und beantwortet sie. Dann entscheidet sie sich spontan, den Anwesenden das vorbereitete Skript abzugeben, damit sie das Gesagte nachlesen können. Die Teilnehmenden bedanken sich für den Vortrag und nehmen das Angebot gerne an. Bettina Quaderer bemerkt, was ihr Beitrag bewirkt hat und freut sich über ihren Erfolg.

Im WohnWerk verabschiedet sich eine Gruppe von Mitgliedern eines Quartiervereins nach einer Führung durch die Werkstatt. «Das hätte ich nicht erwartet», ist die meistgehörte Aussage. Auf Nachfrage ist es vor allem die fachkundige Vorstellung eines Arbeitsplatzes, die einen bleibenden Eindruck hinterlassen hat: Detailgenau erklärte Christian Schär seine Tätigkeit und die Herausforderungen, die sich ihm stellen, um eine qualitätsvolle Arbeit zu leisten. Sein Verantwortungsbewusstsein und sein Anspruch, ein gutes Produkt abzuliefern, waren in jeder einzelnen seiner Schilderungen zu spüren. Seine geistige Beeinträchtigung rückte vollkommen in den Hintergrund. Der ebenfalls anwesende Leiter der Werkstatt hatte zuvor in vollstem Vertrauen diesen Teil der Führung an den jungen Mann delegiert.

Ein Team von fünf Mitarbeitenden in der Werkstatt hat sich auf die Erledigung eines regelmässig wiederkehrenden Auftrags spezialisiert. Nach einer Einführungszeit sehen sie sich in der Lage, die Arbeitsabläufe eigenständig durchzuführen. Die einzelnen Arbeitsschritte erlauben es, dass sich die Teammitglieder gegenseitig Rückmeldung zur Qualität des Produkts geben können. Jeder Einzelne beherrscht alle Arbeitsschritte, sodass untereinander abgewechselt werden kann. Das Team ist sich bewusst, dass es auf jeden ankommt, damit das Produkt rechtzeitig fertig wird. Entsprechend zufrieden zeigt sich der Kunde, der sich nach Abschluss eines Auftrags persönlich bei den Mitgliedern des Teams für die gute Zusammenarbeit bedankt.

Ebenbürtige Begegnung schafft Teilhabe

Was den geschilderten drei Beispielen gemeinsam ist, sind direkte Begegnungen und Erfahrungen im beruflichen Umfeld zwischen Menschen mit und ohne Beeinträchtigung. Solche Begegnungen auf Augenhöhe sind kennzeichnend für eine gelungene Teilhabe. Im Vordergrund steht das gemeinsame Handeln und Erleben, sei es im beruflichen oder privaten Umfeld.

Das WohnWerk bietet dazu Menschen mit Beeinträchtigung neue Rollen mit Aufgaben und Kompetenzen, die bisher fast ausschliesslich beim Fachpersonal lagen. Damit übernehmen sie schrittweise Verantwortung. Menschen mit Beeinträchtigung in diesen Rollen zu begegnen, etwa bei der Essensausgabe im WohnWerk-

Bistro oder als Experten an Workshops, ist für Menschen ohne Beeinträchtigung häufig ungewohnt und mitunter überraschend – und es regt dazu an, die gängigen Rollenverteilungen zu hinterfragen und neu zu gestalten.

Das bewusste Heranführen an solche Situationen lohnt sich für alle und stärkt Schritt für Schritt Selbstbewusstsein und Kompetenzen. Durch die Bestätigung und Anerkennung von aussen trauen sich Menschen mit Beeinträchtigung mehr zu und entwickeln selbstständig neue Aktivitäten. Ein Beispiel: Ein Team im WohnWerk verpackt im Auftrag eines Kunden ein bestimmtes Produkt und liefert es verkaufsbereit aus. Angeboten wird es dann auf einem regionalen Markt. Im direkten Kontakt mit dem Team äussert sich der Auftraggeber sehr zufrieden mit der geleisteten Arbeit. Dies bringt das Team auf die Idee, den Markt zu besuchen, um zu erfahren, wie und an wen das Produkt verkauft wird. Stolz erzählen die Mitarbeitenden anschliessend ihren Kolleginnen und Kollegen von diesem Besuch und den daraus gewonnenen Erkenntnissen.

Teilhabe braucht manchmal nicht viel

Die zahlreichen Beispiele erfolgreicher Teilhabe sind ermutigend. Und so sucht das WohnWerk weiter nach Wegen und Möglichkeiten, Menschen mit Beeinträchtigung in Prozesse wie Aufgabenorganisation und Bewusstseinsbildung für Qualität einzubeziehen oder sie an Diskussionen zu Sinn und Nutzen der Arbeit zu beteiligen. Dass eine solch weitgehende Teilhabe realistisch ist, zeigt etwa die Tatsache, dass Menschen mit geistiger Beeinträchtigung die Qualität ihres Arbeitsplatzes im Wesentlichen anhand der gleichen Kriterien beurteilen, wie es gemäss Studien Menschen ohne Beeinträchtigung tun. Dies hat ein WohnWerk-Workshop von und für Menschen mit geistiger Beeinträchtigung zum Thema ‹Was ist ein guter Arbeitsplatz?› ergeben. Welche Kriterien das sind? Ein respektvoller Umgang miteinander, eine interessante Tätigkeit, Anerkennung für die geleistete Arbeit und gute Beziehungen zu den Kolleginnen und Kollegen – um nur einige zu nennen. Interessant dabei ist nicht nur die Übereinstimmung, sondern auch, dass genau diese Kriterien die Grundlage für gelingende Teilhabe darstellen. Kann denn Teilhabe so schwierig sein?

Uwe Armbruster
ist eidg. dipl. Leiter für Soziale Institutionen und setzt sich seit 25 Jahren für die Teilhabe von Menschen mit Beeinträchtigung am gesellschaftlichen Leben ein. Von 2011 bis 2017 war er Geschäftsleiter des WohnWerks Basel.

BEGEGNUNG SCHAFFT VERSTÄNDNIS

Mark Ehrsam
Mitarbeit: Uwe Armbruster / Daniel Kasper

Teilhabe findet nicht im stillen Kämmerlein statt. Teilhabe bedeutet Begegnung. Die Erfahrung lehrt, dass die Begegnung zwischen Menschen mit und ohne Beeinträchtigung nicht immer einfach ist. Eine Moderation kann helfen, Hindernisse zu überwinden und Begegnungen für alle Beteiligten zu einem anhaltend positiven Erlebnis zu machen. Das Wohn-Werk zeigt, wie das geht.

Stefan, ein junger Mann mit einer geistigen Beeinträchtigung, ist ein eingefleischter Fussballfan. Er besucht in der Stadt eine Bar, wo der Match seines Lieblingsklubs auf einem Grossbildschirm übertragen wird. Eine Begleitperson aus dem Wohnheim geht mit, hält sich jedoch, wie mit Stefan vereinbart, im Hintergrund. Stefan ist aufgeregt, jubelt, springt herum und freut sich über das Spiel. Die anderen Barbesucherinnen und Barbesucher sind irritiert, und einige beginnen gar zu tuscheln. Als Stefan in seiner Begeisterung versucht, mit dem einen oder anderen Gast Kontakt aufzunehmen, stösst er auf deutliche Ablehnung. Das Ende des Spiels kriegt er nicht mehr mit. Bereits nach der ersten Halbzeit kehrt er frustriert und verärgert in seine Wohngruppe zurück. Die Bargäste atmen erleichtert auf – was war das bloss für einer!

Das Beispiel von Stefan ist kein Einzelfall – es wiederholt sich täglich unzählige Male in der einen oder anderen Form, wo immer sich Menschen mit und ohne geistige Beeinträchtigung begegnen. Dabei liegen solchen Situationen häufig bloss Unwissen und gegenseitige Missverständnisse zugrunde. Hätten die Bargäste um Stefans Hang zu Temperamentsausbrüchen gewusst und wäre sich Stefan bewusst gewesen, dass diese nicht bei allen gleichermassen geschätzt werden, hätten sich möglicherweise beide Seiten aufeinander einlassen und am Ende gemeinsam den Sieg des Heimklubs feiern können.

Der Nutzen von Begegnung

Menschen mit Beeinträchtigung sind noch immer Vorurteilen und Diskriminierungen ausgesetzt oder sie werden ausgeschlossen: Abfällige Bemerkungen über einen lauten Freudenschrei im Tram, das Starren auf den Rollstuhl, die Aufforderung, das Restaurant zu verlassen, oder gar die mehr oder weniger laut gestellte Frage, ob denn «so etwas» heute noch nötig sei, gehören zum Erlebnisalltag vieler Menschen mit Beeinträchtigung. Oftmals geschieht dies aus Unwissen oder Unsicherheit im Umgang mit Menschen, die anders sind, oder aufgrund falscher Bilder von betreffenden Menschen.

Doch so wie Vorurteile entstehen können, können sie auch abgebaut und überwunden werden. Dazu dienen etwa Aufklärungskampagnen (beispielsweise Pro Infirmis mit Plakaten, Inseraten und Filmen), Informationsmaterialien (Broschüren, Informationen in der Schule, Erziehung) und konkrete Erklärungen (ein Mensch mit Tourette-Syndrom schreit nicht im Tram, um andere zu ärgern). Dabei bleibt es meist bei der blossen Wissensvermittlung. Weit effektiver und nachhaltiger vermag aber der direkte Kontakt mit Menschen mit einer Beeinträchtigung Vorurteile abzubauen und Einstellungen zu beeinflussen. Begegnungen zwischen Menschen mit und ohne Beeinträchtigung können helfen, Unwissen abzubauen, Unsicherheiten zu überwinden und falsche Erwartungen zu klären. Letztlich ist es vor allem die persönliche Begegnung von Mensch zu Mensch, die es beiden Seiten ermöglicht, das Gegenüber mit all seinen Facetten und Eigenschaften kennenzulernen und diese konkrete Erfahrung an die Stelle von Vorurteilen treten zu lassen – je häufiger, desto nachhaltiger.

So gelingen Begegnungen

Die Begegnung zwischen den Bargästen und Stefan ist nicht gelungen. Was hätte es denn gebraucht, dass sie erfolgreich gewesen wäre? Hätte es helfen können, wenn sich die Begleitperson von Stefan nicht im Hintergrund gehalten, sondern eine aktive Rolle eingenommen hätte? Und wie hätte diese Rolle aussehen können?

In ihrem herkömmlichen Verständnis richtet sich die soziale Arbeit im ‹aufklärenden› Sinn an die ‹Gesellschaft› sowie im Sinne der Befähigung an ‹Menschen mit kognitiver Beeinträchtigung›. Dass dies aber nicht genügt, um gelingende Begegnung und damit auch Inklusion zu bewirken, zeigt das Beispiel von Stefan: Die meisten Bargäste haben wohl schon von verschiedenen Formen geistiger Beeinträchtigung gehört und wissen, was diese bedeuten können. Und Stefan ist eigentlich fähig, selbstständig und ohne Begleitung in eine Bar zu gehen, um sich ein Fussballspiel anzuschauen. Und dennoch scheitert die direkte Begegnung.

In ihrer Diplomarbeit an der FHNW beschreibt Katharina Herrmann das Verhältnis der Beteiligten, damit Bedingungen für gelingende Begegnungen erfüllt werden. In ihrem Modell weist sie konkret auf ein drittes Handlungsfeld der sozialen Arbeit hin, auf den sogenannten ‹gemeinsamen Raum›. Hier treffen beide Seiten aufeinander und findet die konkrete Begegnung statt.

Damit eine Begegnung gelingt und für alle Beteiligten zu einer positiven Erfahrung wird, ist nicht alleine die Vorbereitung der beteiligten Seiten auf diese Situation entscheidend, sondern der Verlauf der Begegnung selbst. Unverständnis, unausgesprochene Erwartungen, Vorurteile, Hilflosigkeit: Vieles kann sich auch bei noch so gründlicher Vorbereitung erst in der Begegnung manifestieren – und sie scheitern lassen.

Hier hilft eine vermittelnde Funktion, eine Art der Moderation oder des Coachings. Ein Moderator, auch Sozialcoach genannt, tritt als Brückenbauer in Aktion, der Prozesse und Aktivitäten unterstützt, die zu Begegnungen führen und gemeinsames Erleben auf Augenhöhe ermöglichen. Damit diese Begegnungen gelingen können, achtet der Sozialcoach darauf, dass bei geplanten Aktivitäten die Wünsche, Interessen und Bedürfnisse aller Beteiligten berücksichtigt werden.

Im Fall von Stefan heisst dies einerseits, dass der Sozialcoach mit Stefan bespricht, welche Verhaltensweisen wohl welche Reaktionen nach sich ziehen könnten und wie Stefan damit umgehen kann. Andererseits könnte der Sozialcoach, gemeinsam mit dem jungen Mann, mit den Bargästen ins Gespräch kommen und durch Information und Aufklärung Verständnis für Stefan aufbauen und so ablehnenden Reaktionen vorbeugen.

Das WohnWerk als Initiator

Inklusion im Alltag ist Aufgabe jedes Einzelnen. Das WohnWerk initiiert deshalb Möglichkeiten zur kulturellen und gesellschaftlichen Teilhabe auch ausserhalb der Institution – in der unmittelbaren Nachbarschaft, dem Quartier und der Stadt, das heisst in verschiedensten sogenannten Sozialräumen. Dazu zählen etwa der Besuch eines Fussballmatchs, eines Konzerts oder einer Bibliothek, ein Spaziergang im Park oder ein gemeinsamer Einkauf im Lebensmittelgeschäft. Alle diese Möglichkeiten tragen dazu bei, dass Menschen mit Beeinträchtigung eine Erweiterung ihres bisherigen individuellen Sozialraums erfahren. Diese Erweiterung und die damit verbundenen Begegnungen mit Menschen ohne Beeinträchtigung bieten die Chance, gegenseitige Berührungsängste und Vorurteile abzubauen und Vertrauen, Respekt und Freude am gemeinsam Erlebten zu bewirken – vorausgesetzt, die Begegnung gelingt und fällt positiv aus.

Aufgrund der grossen Bedeutung, die gelingenden Begegnungen zukommt, hat das WohnWerk ein Training für Freiwillige zur Moderation in Sozialräumen entwickelt. Ziel des Trainings ist es, ein Bewusstsein für die Lebens- und Unterstützungssituation von Menschen mit Beeinträchtigung sowie ein Bewusstsein für die unterschiedlichen sozialen Räume zu entwickeln und deren Barrieren und Möglichkeiten (er-)kennen zu können. Das betrifft die private Wohnung ebenso wie die weiteren Räume der Nachbarschaft, Einkaufs- und Dienstleistungsmöglichkeiten, Orte der Beschäftigung, Arbeit, Kultur sowie Freizeit und Ferien. So ausgebildete Sozialcoaches sollen dazu beitragen, dass Begegnungen gelingen und damit Teilhabe verwirklicht wird.

Unterstützung kann Kreise ziehen

Dass eine solche Unterstützung sinnvoll und möglich ist und sprichwörtlich Kreise ziehen kann, zeigen sogenannte Unterstützerkreise, wie es sie in einigen europäischen Ländern wie Deutschland und Österreich bereits gibt.

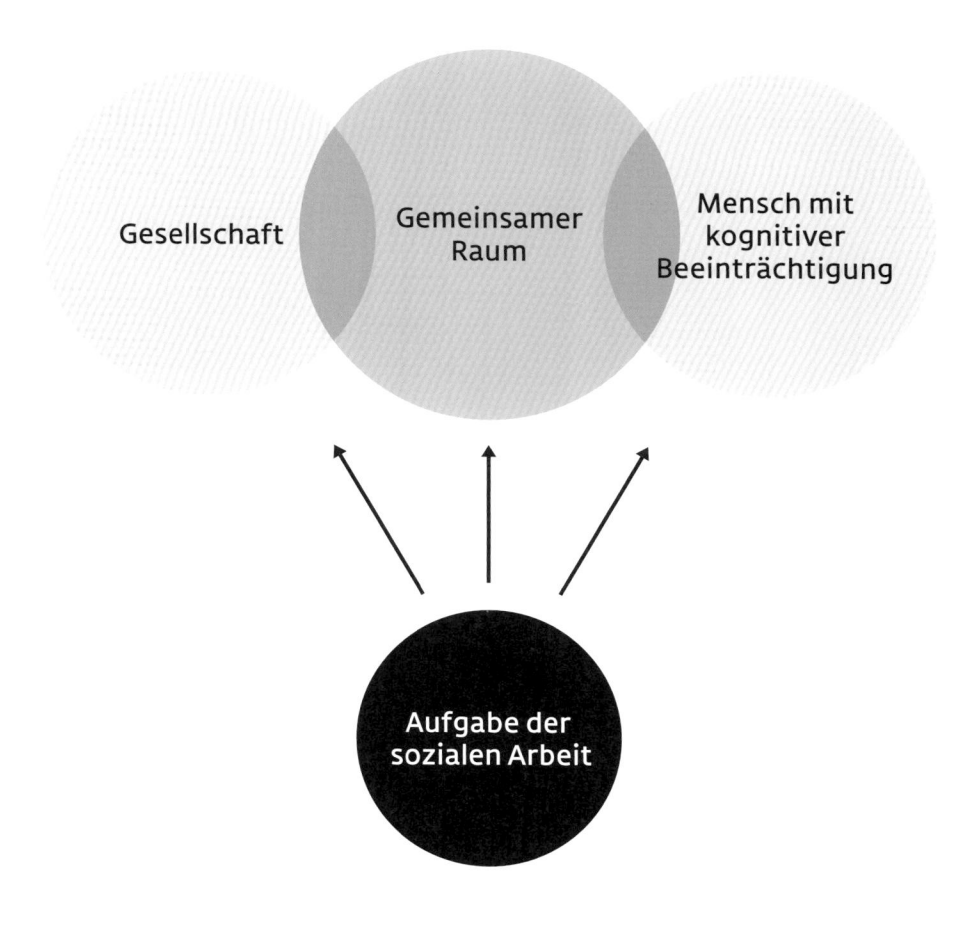

Der dreifache Kompetenzbegriff im Bezug auf Begegnung

Begegnung im Verhältnis von Menschen mit und ohne Beeinträchtigung und die Rolle von Sozialcoaches
(Darstellung: K. Herrmann, 2017, Seite 39)

Grundidee dieser Unterstützerkreise ist es, Menschen mit Beeinträchtigung so zu unterstützen, dass sie ihre selbstbestimmten Ziele und persönlichen Lebensvorstellungen erreichen können. Um die jeweilige Person formiert sich ein Kreis unterschiedlicher Personen, beispielsweise Familienmitglieder, Nachbarn oder Freunde. Diese treffen sich in regelmässigen Abständen, um bestimmte Themen im Alltag, um Freizeitaktivitäten, Berufs- und Lernsituationen und so weiter gemeinsam zu bearbeiten. In der Regel arbeiten die Mitglieder eines solchen Kreises freiwillig und unterstützen sich gegenseitig, damit alle Stärken in der Gruppe genutzt werden können.

Solche Unterstützerkreise gibt es bislang keine in der Schweiz. Mit seinem Angebot will das WohnWerk einen ersten Schritt zur Schaffung solcher Freiwilligengruppierungen machen und damit weiter zur Teilhabe von Menschen mit geistiger Beeinträchtigung beitragen.

Mark Ehrsam
ist Biologe und eidg. dipl. PR-Berater. Seit 2010 ist er im Stiftungsrat des WohnWerks für das Ressort Kommunikation zuständig.

the birds eye
20 16

CITY POINT
CITY POINT
Coca-Cola
Döner Kebap
Coca-Cola
YAM YAM
CITY POINT
Döner Kebap
Falafel
Vegi Gyros
Pizza

2

DAS WOHNWERK UND SEINE MENSCHEN
___

ZWEI WEBSTÜBLER IM TRAM

Guy Krneta

Megge und Schorsch fahren im Tram. Sie sehen ihr Spiegelbild in einer abgetönten Glasscheibe.

Megge: Kasch du di no an d'Wäbschtübler erinnere?
Schorsch: Isch jo au nit schwär, mi z'erinnere, wenn du mi dra erinnerisch.
Megge: Dört vorne sitzt ein, dä seht us wiene Wäbschtübler.
Schorsch: Wo?
Megge: Dört vorne.
Schorsch: Zwei. Dört vorne sitze zwei. Und wele isch jetz dr Wäbschtübler?
Megge: Beidi.

Sie schauen in die Scheibe.

Megge: Wie die ussehn.
Schorsch: Wie sehn si denn us?
Megge: Anders.
Schorsch: Anders als was?
Megge: Anders als anderi.
Schorsch: Also glych.
Megge: Was?
Schorsch: Wenn si anders als anderi ussehn, sehn si glych us wie glychi. Sunscht würde si jo glych usseh wie anderi. Oder anders als glychi.
Megge: Isch jo glych. Jedefalls sehn si genau so us wie Wäbschtübler.
Schorsch: Die?

Sie schauen in die Scheibe.

Schorsch: Wie sehn denn Wäbschtübler us?
Megge: Nit normal.
Schorsch: Die sehn aber zimlig normal us.
Megge: Was normal?
Schorsch: So, wie du und ich halt.
Megge: Wenn die so wie du und ich usseh würde, denn würde mir jo usseh wie Wäbschtübler.
Schorsch: Sehn mir nit us wie Wäbschtübler?
Megge: Mir sehn jo wohl normal us.
Schorsch: Anders als glychi?
Megge: Glych wie anderi.

Sie schauen in die Scheibe.

Schorsch: Wenn de meinsch.

Sie schauen in die Scheibe.

Megge: Was mir friener als Witz gmacht hän über die.
Schorsch: Wär?
Megge: Über d'Wäbschtübler.
Schorsch: Ich ha keini Witz gmacht.
Megge: Du hesch au Witz verzellt über Wäbschtübler, friener.
Schorsch: Jo, verzellt.
Megge: Ebe, wieso seisch denn, du hesch friener keini Witz gmacht über Wäbschtübler?
Schorsch: Ich ha Witz verzellt, wo's scho gä het. Aber ich ha nie sälber Witz gmacht.
Megge: Ich dänk au nit. I ha dänk au nume Witz verzellt, wo's scho gä het.

40

Sie schauen in die Scheibe.

Megge: Kennsch dä Witz? Zwei Wäbschtübler fahre Tram. Wils so viil Lüt het, mien si hinterenand sitze. Plötzlig seit dr eint Wäbschtübler zum andere: «Du, 's schtinggt eso, hesch du in d'Hose gmacht?» Seit dr anderi Wäbschtübler: «He jo, worum?»

Megge lacht sich krumm.

Schorsch: Verschtand i nit.
Megge: Was verschtohsch nit?
Schorsch: Dä Witz.
Megge: Dr eint seit zum andere: «Du, 's schtinggt eso, hesch du in d'Hose gmacht?». Und dr ander seit: «He jo, worum?»
Schorsch: Das hani scho verschtande.
Megge: Ebe.
Schorsch: Wo isch jetz dr Witz?
Megge: Du verschtohsch halt kei Schpass.

Schorsch haut Megge eine kräftige Ohrfeige.

Megge: Hey, schpinnsch?
Schorsch: Wieso? Ha doch nit emol e Schpinnrad.
Megge: Wieso hausch du mi?
Schorsch: Zum Schpass.
Megge: Und wo isch dr Schpass?
Schorsch: Verschtohsch en nit?
Megge: Nei.

Sie schauen wieder in die Scheibe.

Megge: Lueg jetz, wi si luege jetz. Jetz luege si wider.
Schorsch: Und du bisch sicher, dass das Wäbschtübler sin?
Megge: Über die hämmer friehner glacht.
Schorsch: Die sehn aber gar nit so us, als könnt me über si lache.
Megge: Friehner sin si luschtig gsi.
Schorsch: Jo, friehner sin d'Lüt au no anders gsi.
Megge: Sehr anders.
Schorsch: Über was die alles hän könne lache.
Megge: 's hän halt nit alli Lüt dr glych Humor.
Schorsch: Abr das isch doch nit normal.
Megge: Was?
Schorsch: Dass me het könne lache über die.
Megge: Friehner scho.
Schorsch: Jo, friehner.

Übertragung aus dem Berndeutschen ins Baseldeutsche von Lukas Holliger

---

Guy Krneta

lebt als freier Schriftsteller in Basel. Er schreibt Texte fürs Theater, tritt als Spoken-Word-Künstler auf und publiziert Bücher. Er hat unter anderem das Schweizerische Literaturinstitut in Biel initiiert und ist Mitglied der Spoken-Word-Formation ‹Bern ist überall›. Für sein Schaffen erhielt er mehrere Preise, unter anderem den Welti-Preis für das Drama (2003), den Prix Suisseculture (2012) und den Schweizer Literaturpreis (2015).

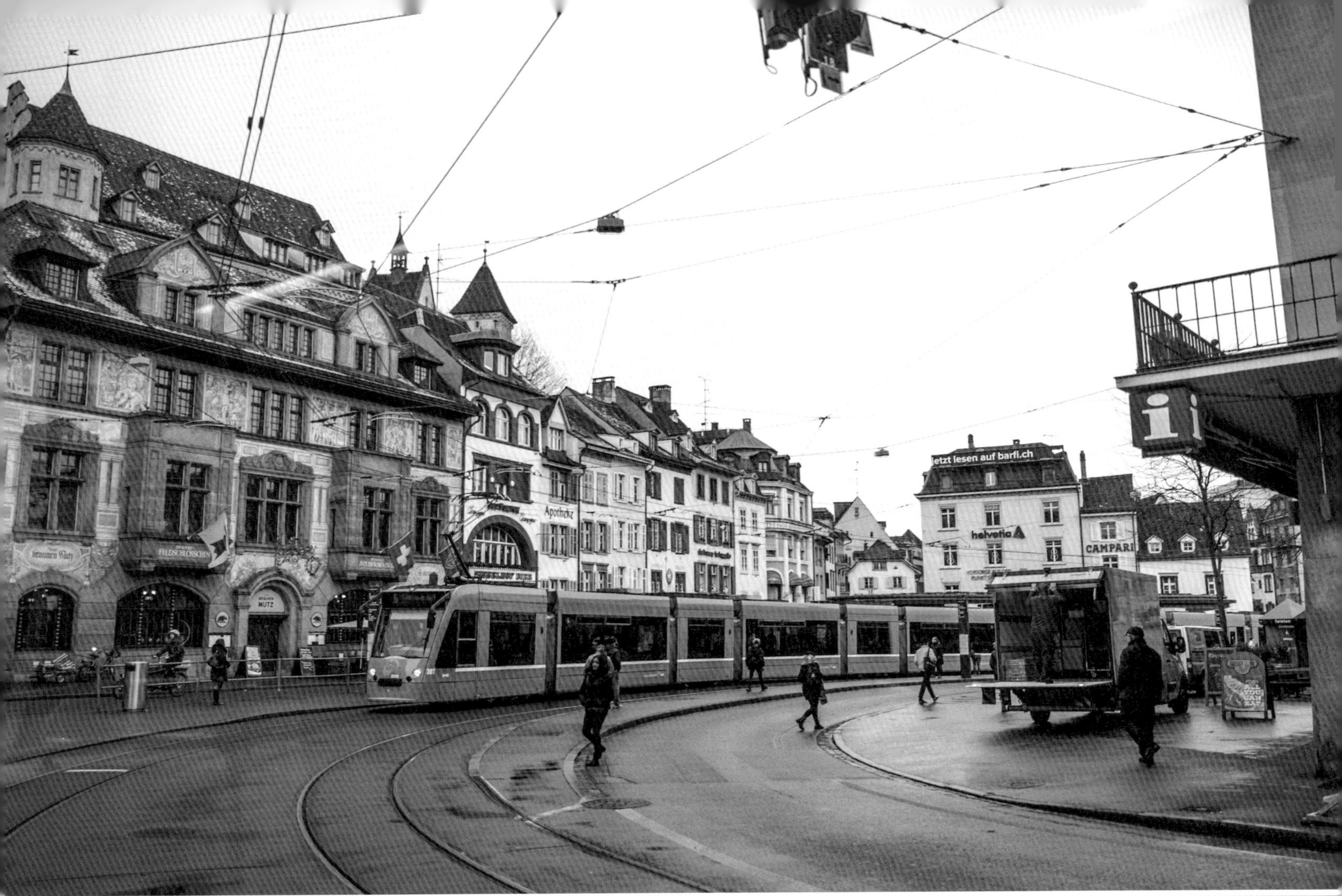
jetzt lesen auf barfi.ch
helvetia
CAMPARI
Apotheke
MUTZ
i

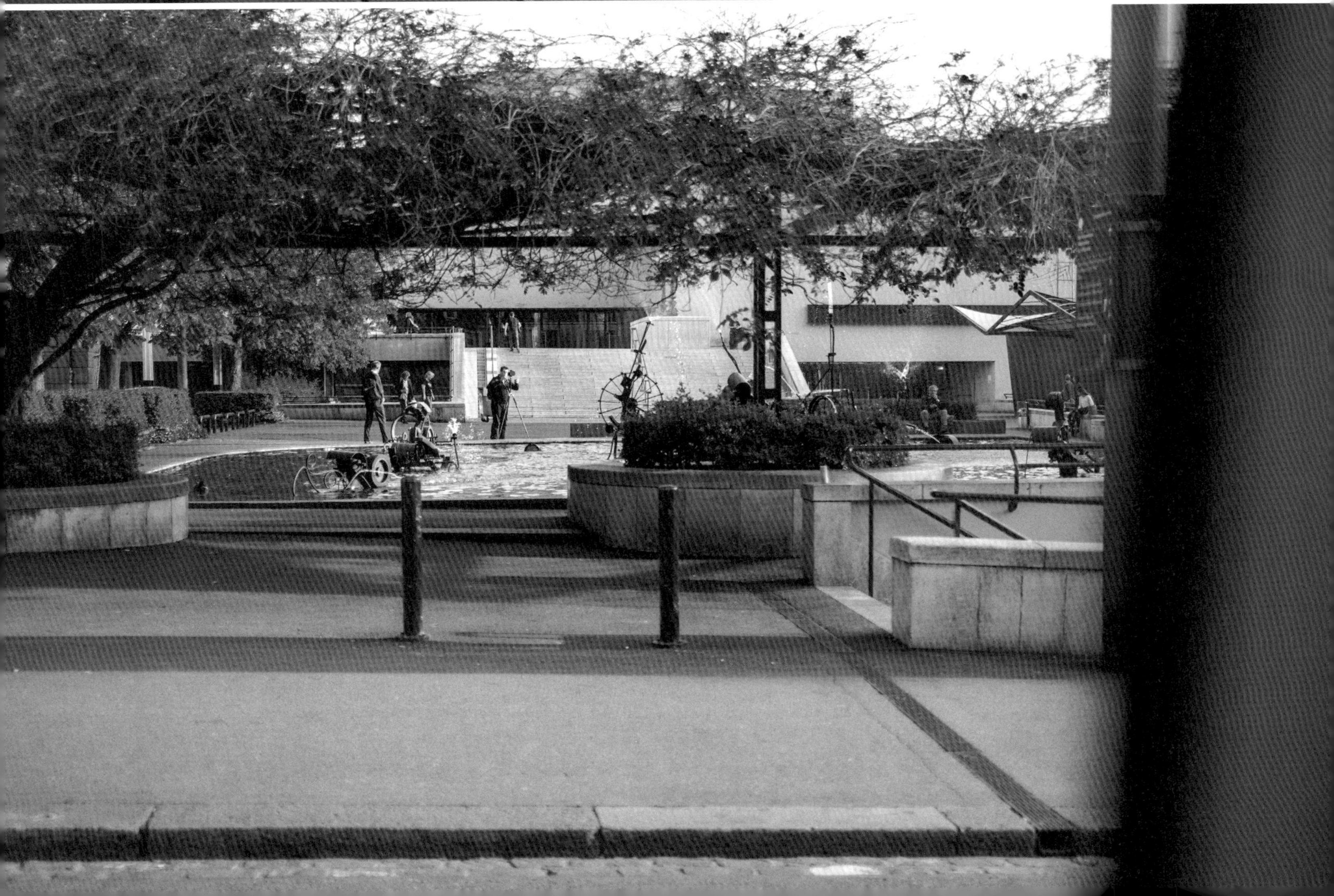

ZEHN MENSCHEN, ZEHN GESCHICHTEN, ZEHN BILDER

Christine Loriol / Anina Rether (Text)
Kostas Maros (Bild)

Menschen, die im WohnWerk leben und/oder arbeiten erzählen: von ihrem Leben, ihren Interessen, ihrer Arbeit, ihren Freundinnen und Freunden, vom WohnWerk und von Basel. Wir haben zehn Persönlichkeiten besucht und uns mit ihnen unterhalten. Sie haben uns ihre Zimmer oder ihren Arbeitsplatz gezeigt, ihre Erinnerungen mit uns geteilt, von ihren Reisen berichtet und uns Einblick in ihre Fachgebiete gegeben. In den folgenden Porträts erzählen sie ihre Geschichten in ihren eigenen Worten. Was sie sagen, haben wir sorgfältig protokolliert und zusammengeführt. Die Orte, an denen sie fotografiert wurden, haben sie selber bestimmt. Die Schauplätze sollten typisch sein für ihren Alltag oder ihre Freizeit.

Die zehn Frauen und Männer sind in unterschiedlichem Mass selbstständig – sie wohnen selbstständig oder betreut, mit wenig oder intensiverer Begleitung. Sie sind jünger und noch aktiv im Beruf oder bereits pensioniert. Die einen arbeiten im Bistro, die anderen in den Werkstätten. Einige sind erst vor Kurzem in einem der Wohnhäuser eingezogen. Eine Bewohnerin lebt sogar seit dreissig Jahren hier: Sie war dabei, als das Wohnhaus Missionsstrasse 1987 eröffnet wurde. Diese zehn Menschen zeigen, wie vielfältig die Bedürfnisse, Möglichkeiten und Wege im WohnWerk sind – und wie verschieden die Persönlichkeiten.

Die Interviews begleitet hat *s Anni*, wie sie von allen genannt und herzlich begrüsst wird: Annamarie Bearth ist Leiterin Wohnhaus Austrasse und seit neunzehn Jahren für das WohnWerk tätig.

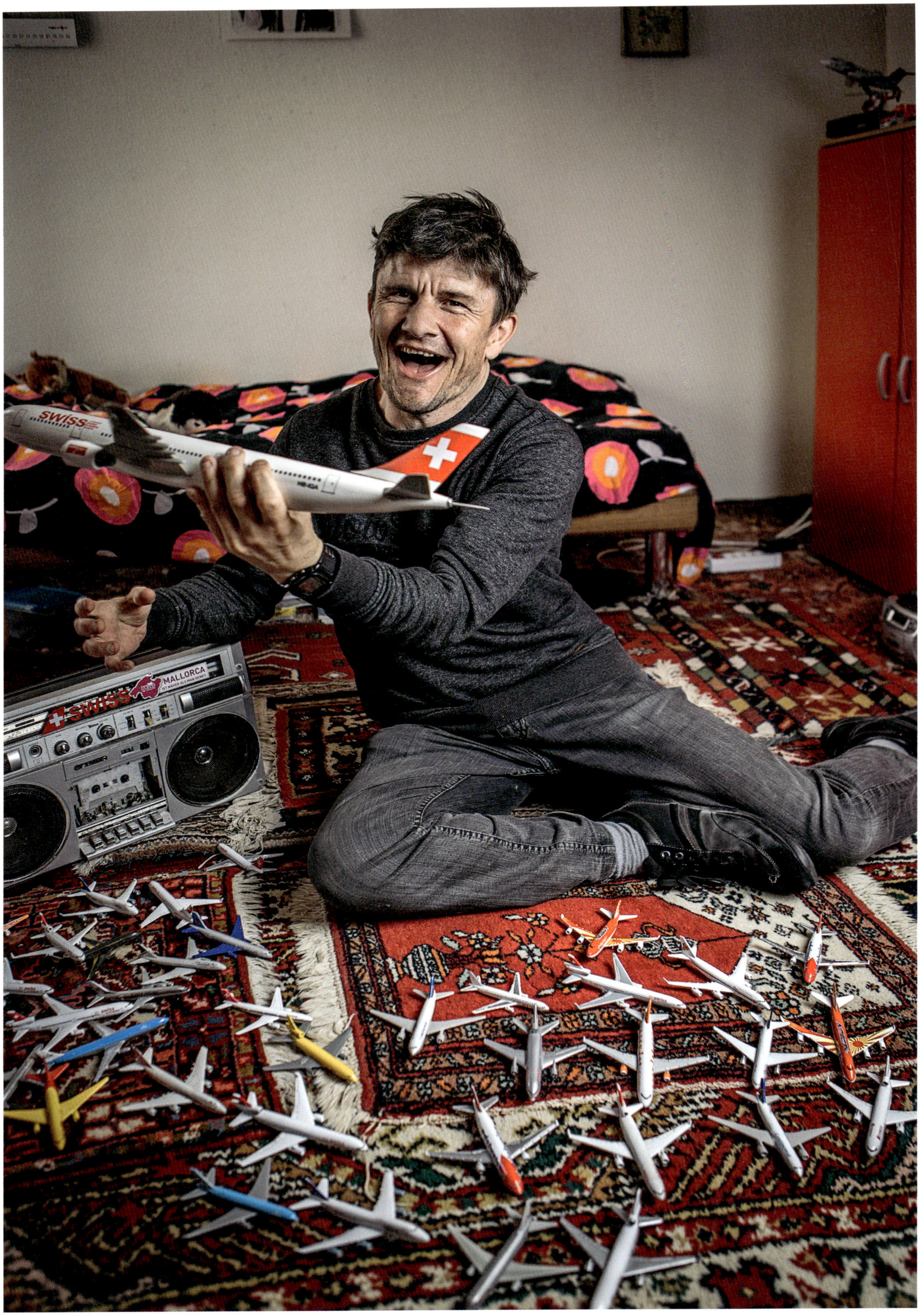

DANIEL DAVERIO
45 JAHRE

Ich bin in Allschwil aufgewachsen, dort, wo immer Flugzeuge drüberfliegen. Ich bin am Fenster gestanden und habe die Frachter mit dem Feldstecher beobachtet. Seither höre ich den Funk ab und weiss, wann welches Flugzeug landet oder startet. Manchmal gehe ich auch zum Flughafen. Nicht nur in Basel. Auch nach Zürich. Am liebsten gehe ich abends auf die Terrasse. Dann, wenn die Flugzeuge Lichtlein haben. Der Singapur-Frachter ist der grösste. Ein echter Brummer. Auch geflogen bin ich schon. Von Basel nach Genf. Mami sass auf der einen Seite, Papi auf der anderen. Hui, hatte ich Herzklopfen! Einmal, vor langer Zeit, bin ich im Simulator selbst von Basel nach Zürich geflogen. Das war toll. Seither ist mein Traumberuf Pilot. Darum sammle ich Flugzeuge und Helikopter der Rega. In meinem Zimmer stehen überall Modelle. Einige habe ich selbst gekauft, andere geschenkt bekommen.

    Ich habe mein Zimmer so eingerichtet, wie ich es gerne habe. Voll mit roten Teppichen. Ich lege sie übereinander, bis es einen kleinen Hügel gibt.

    Belle ist mein Kätzchen (Kuscheltier). Sie habe ich meistens auf dem Arm, wenn ich in den Ausgang gehe. Früher hatte ich ein richtiges Büsi, Kasimir hat es geheissen. Wenn es regnet, sage ich zu Anni: *Jetzt bislet der Kasi uf uns aabe.* Er ist schon im Himmel. Wie mein Mami. Mein Papi ist im Altersheim, ich gehe ihn ab und zu am Samstag oder Sonntag besuchen. Ich bin ja sein Sohnemann.

    Ich habe viele Kolleginnen, die ich beim Tramfahren kennengelernt habe: Meggie, Judith, Astrid, Esther. Bei Meggie gehe ich manchmal essen, sie macht Spaghetti mit roter Sauce und Fleisch. Das habe ich am liebsten. Gilberte aus Allschwil ist meine beste Kollegin. Kürzlich waren wir in der Stadt, da hat sie ein Foto von mir gemacht, wie wir Kuchen essen. Wir kennen uns seit der Schulzeit. Ich rufe sie jeden Nachmittag um fünf Uhr an, ausser am Wochenende, da will sie ihre Ruhe haben. Wenn ich es mal vergesse, erinnert mich meine Belle daran.

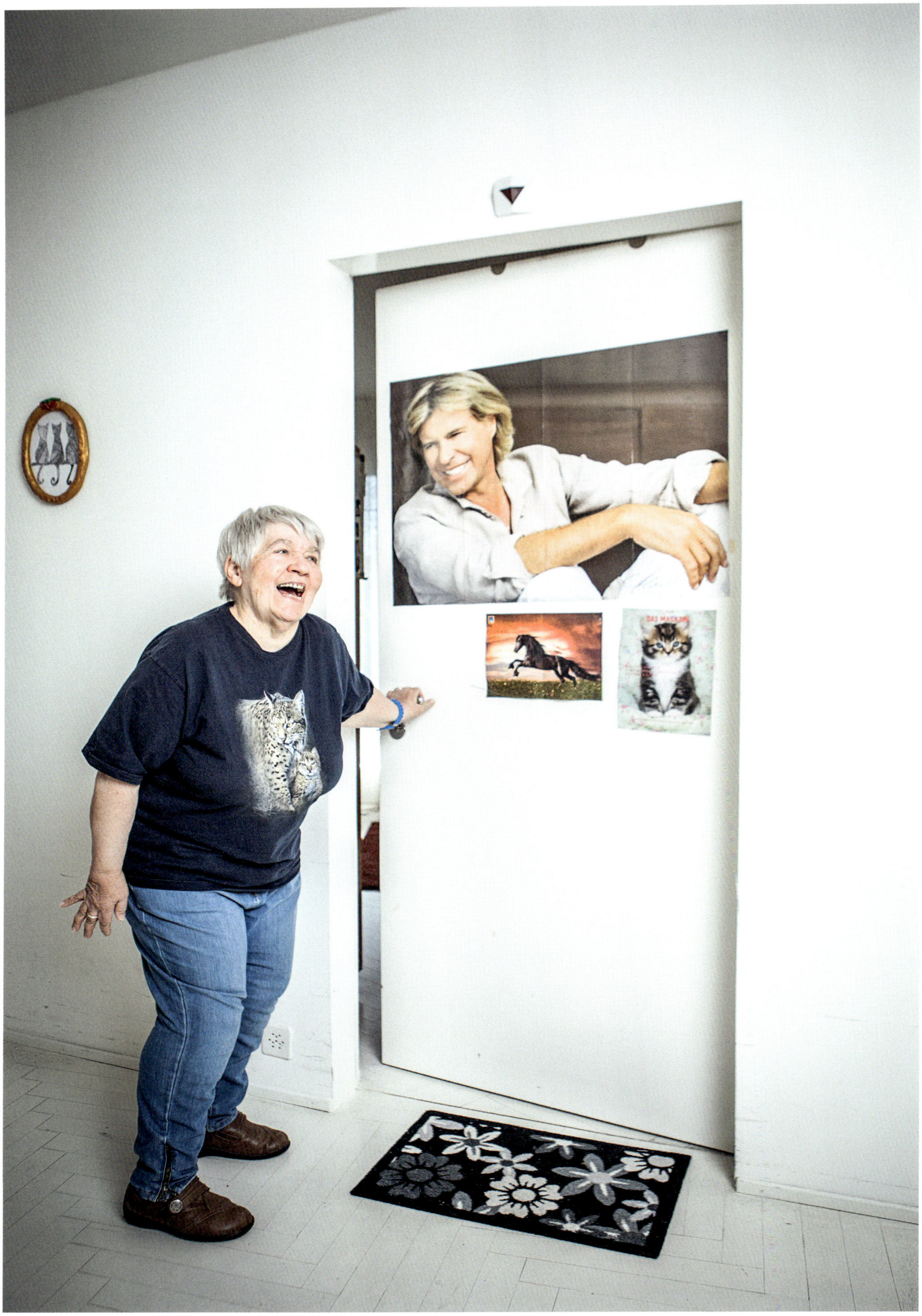

EDITH ZEHR
72 JAHRE

Ja, ich bin von allen am längsten hier. 47 Jahre habe ich gearbeitet. Sie-ben-und-vier-zig! Ich bin eingetreten, als es noch Basler Webstube hiess. Und ich habe gestickt. Einige haben Teppiche gewoben oder *Gschiirlümpe* genäht. Von Hand! Das gab es alles noch. Und es war alles viel kleiner. Es war schön, als man noch sticken konnte, *weisch*. Schürzen haben wir auch bestickt. Und Kissen. Im WohnWerk war ich lange im Hausdienst, bis es mir zu viel wurde. Danach ging ich in die Werkstatt. Und irgendwann konnte ich einfach nicht mehr. Ich sagte: «Ich schlafe während der Arbeit ein.» Es war mir zu streng und zu langweilig. Ich bin froh, dass ich pensioniert bin. Aber ich gehe gerne in die Aktivierung. Und natürlich sticke ich immer noch am liebsten. Zwischendurch *nämele* ich die Wäsche. Am Montagabend gehe ich schwimmen, und ins Turnen gehe ich auch gerne. Kürzlich ist mein Bruder gestorben. Er wäre am 22. Februar 70 geworden. Ich hatte nur noch ihn. Jeden Donnerstagmittag bin ich zu ihm gegangen. Jeden! Peter sass im Rollstuhl. Er war gelähmt, wegen seiner schweren Epilepsieanfälle. Ja, er erkannte mich noch. Als ich zum letzten Mal bei ihm war, schlief er ganz fest. Ich habe ihm noch s *Müüli butzt* und gesagt: «Peter, wenn du zu Papa gehen möchtest, darfst du gehen.» Und am Samstagmorgen kam der Anruf. Ich werde ihn nicht vergessen. Morgen gehe ich in seinem Heim vorbei. Es tut mir schon weh, *weisch*. Was soll ich dort ohne Peter? Ich bin ja im WohnWerk zu Hause. Mit Therese gehe ich gerne spazieren. Wir gehen richtig weit zu Fuss. Am Rhein gefällt es mir sehr. Und dann habe ich noch Hansi Hinterseer. Ich bin ein riesiger Fan. Ich habe viele Bilder und Autogramme, und an Konzerten war ich auch schon. Ich war an der Schlagernacht im *Joggeli*. Und im Hallenstadion. Mit dem Hansi Hinterseer-Fanklub haben wir uns einmal getroffen. Wir haben in einem Saal gegessen, und dann sagten sie: «Jetzt kommt dann gleich der Hansi!» Und dann hat alles geklatscht.

THERESE ABEGGLEN
66 JAHRE

Im Moment plagt mich mein Knie. Ich bin über Röbis Stock gestolpert und hingefallen. Im November 2016 habe ich mir ja schon die Schulter gebrochen. Aber ich bin *e Zächi*, sagt Sonja, meine Bezugsperson. Vor acht Jahren bin ich eingetreten. Die Zeit läuft. Vorher habe ich noch zu Hause gewohnt, bei uns an der Münchensteinstrasse, zusammen mit meinem Vater. Er wurde 93. Im WohnWerk habe ich zuerst nur gearbeitet. Aber jetzt bin ich pensioniert und geniesse es. Wir machen schöne Sachen in der Aktivierung. Ans Einweihungsfest erinnere ich mich noch: *Isch no schön gsy*. Wir haben getanzt, und die ‹Schreege Vögel› haben gespielt. Ich gehe gerne spazieren – mit der Edith, wenn sie Zeit hat. Wir gehen zusammen in die Stadt und wieder zurück. Alles zu Fuss! Edith ist *e Cooli*. Wir lachen viel. Dann gehen wir *go lädele* oder Kaffee trinken – ich bin schon gerne in der Stadt unterwegs. Beim Tinguely-Brunnen gefällt es mir sehr. Wie das alles dreht und spritzt. Beim Spazieren habe ich schon viele Leute kennengelernt. Auf dem Schiff auch: Ich habe ja eine Kreuzfahrt gemacht, mit einem Traumschiff von Italien bis nach Barcelona. *Isch schön gsy*. Es hatte so viele Leute. Und Edith war auch dabei. Wir hatten zusammen ein Zimmer. Das war lustig. Ich höre auch gerne Musik, Schlagermusik. Zum Beispiel von Semino Rossi. Also ich bin zufrieden. Ich habe einen älteren Bruder und eine ältere Schwester. Sie machte auch Ferien, in Indien. Sie hat mir eine Karte geschrieben. Es war sehr heiss dort: 36 Grad! Ich gehe gerne in die Ferien: Frankreich, Mallorca, Wien. Ich war schon an vielen Orten. Nur in die Skiferien konnte ich letzten Winter nicht – *go langläufle* – wegen meiner Schulter. Aber das wird schon wieder gut. Früher war ich mit meinem Vater in den Ferien. Wir gingen oft nach Österreich, ins Zillertal zum Wandern. Wir waren immer in Zillergrund, das ist bei Mayrhofen. 25 Jahre lang! Wir haben dafür sogar eine Medaille bekommen. Ich zeige sie dir. Komm!

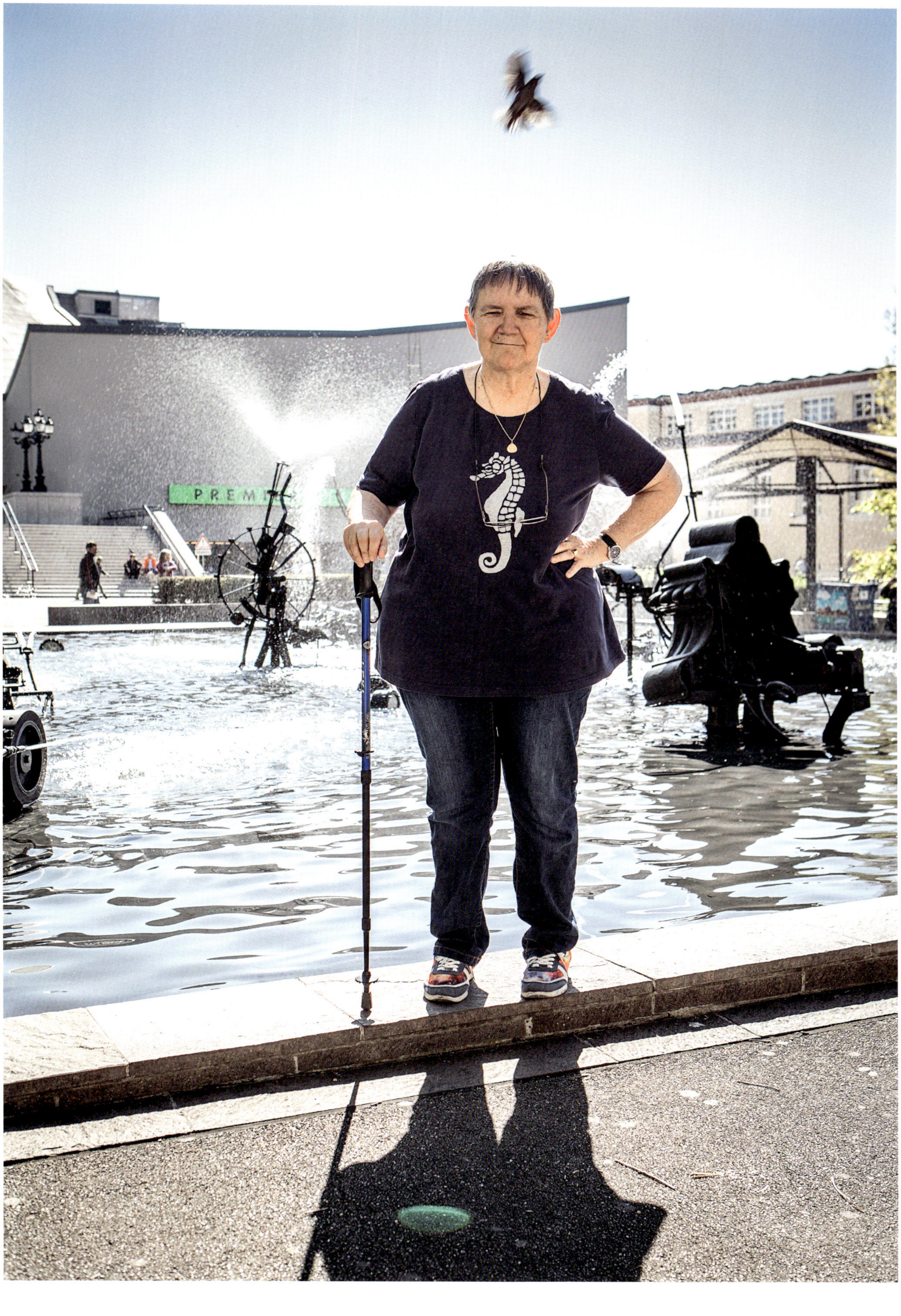

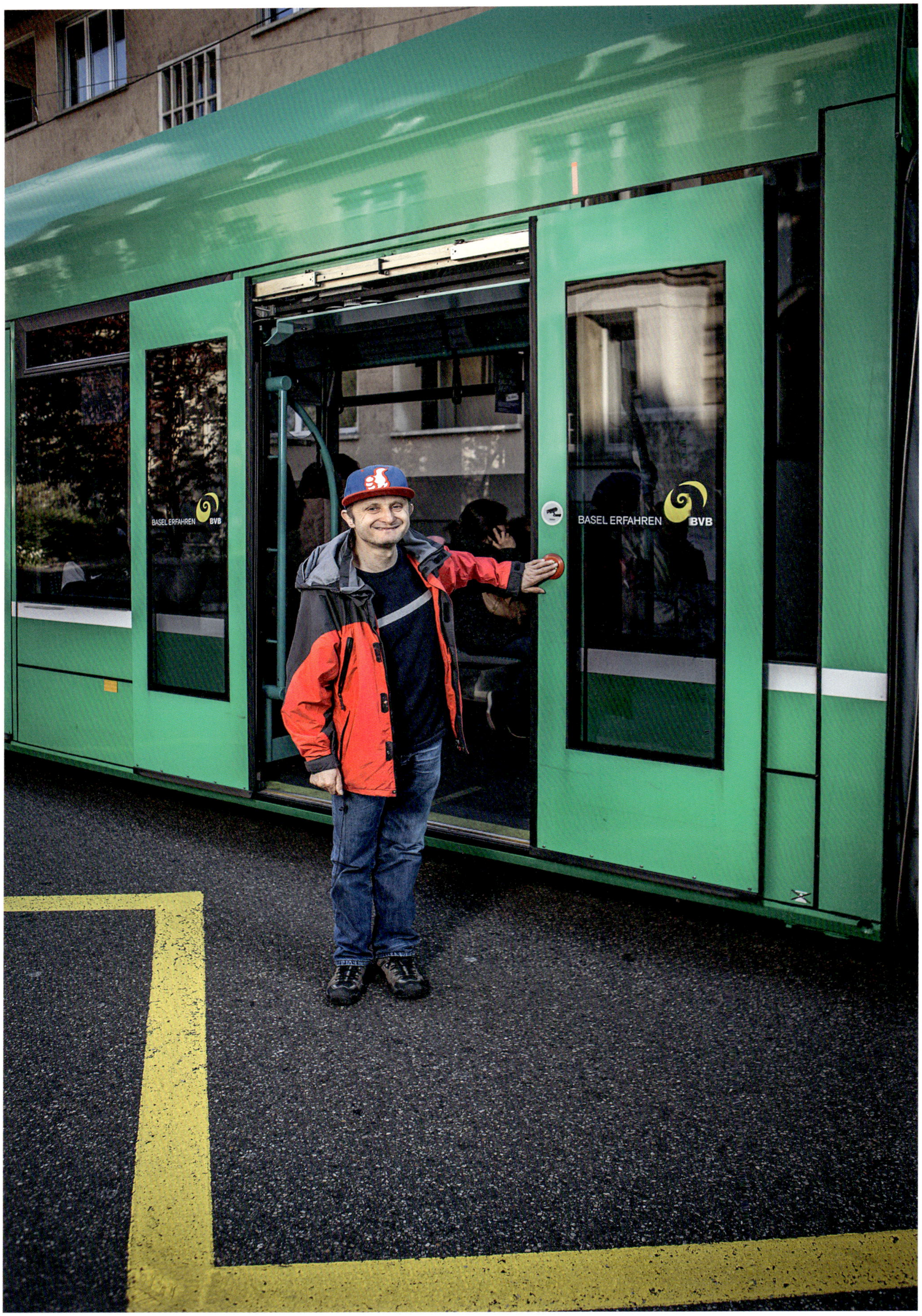
BASEL ERFAHREN
BVB
BASEL ERFAHREN
BVB

HANSPETER GAUTSCHI
54 JAHRE

Ich stehe um halb sieben Uhr auf und esse *Zmorge*. Dann steige ich ins Tram. Um Viertel vor acht fängt die Arbeit in der Werkstatt an. Ich klebe Holz zusammen, wir machen Kisten. Auch andere Sachen. Ich habe schon viel gearbeitet. Früher haben wir Uhren gemacht. Und Tücher gewoben an den Webstühlen. Das habe ich gern gemacht. Esthi und Tina arbeiten mit mir. Sie wohnen auch in unserem Wohnhaus. Aber ich gehe nicht mit ihnen aus dem Haus. Bin lieber alleine unterwegs. Am Nachmittag bin ich fertig, dann komme ich wieder heim.

Mein Zimmer ist gross und schön. Alle Möbel sind neu. Wenn ich in meinem Zimmer bin, sitze ich am liebsten auf dem Stuhl. Ich bin seit 1989 im WohnWerk. Vielleicht habe ich bald ein Jubiläum?

Ich habe keine Geschwister. Einmal in der Woche gehe ich meine Mutter besuchen. Sie wohnt in der Nähe. In einem Altersheim. Dort hat sie ihr eigenes Zimmer. Wie ich auch. Sie freut sich immer, wenn ich komme. Am 10. Juli habe ich Geburtstag. Dann ist Sommer. Beim letzten Mal haben wir ein *Festli* gemacht. Mit allen zusammen. Zum Geburtstag habe ich am liebsten Schwarzwäldertorte. Noch lieber habe ich aber Schnitzel und Pommes frites mit Ketchup – und Cola!

Ich höre gerne verrückte Musik. Laut und schnell muss sie sein. Ein Instrument spielen kann ich nicht. Aber das macht nichts. Sport habe ich auch gern. Meine Lieblingsmannschaft ist der FCB. Aber ich gehe nicht an den Match. Weil ich nicht gerne unter viele Leute gehe. Ich schaue ihn lieber am Fernsehen, zusammen mit den anderen im Wohnzimmer.

In den Ferien war ich auch schon. In Griechenland. Wir sind mit dem Flugzeug geflogen. Einmal sind wir sogar mit dem Boot gefahren. Das hat mir gefallen. Ich bin gerne im Wasser. Aber ich war nicht im Meer. Nur im Pool.

Tram fahre ich sehr gern. Ich sage dann: *Ich gang go trämmle*. Mein Lieblingstram ist der Sechser. Manchmal bleibe ich sitzen bis zur Endstation, das dauert lange. Im *Zolli* gehe ich am liebsten zu den Elefanten. Das sind meine Lieblingstiere. Warum? Einfach so.

NICOLE WITTLIN
33 JAHRE

Mein Zimmer hat viele Farben. An den Wänden hängen überall Bilder: indische Götter, von denen bin ich Fan. Weil ich Indien und vor allem die Götter so toll finde. Habe früher viel indische Musik gehört, vielleicht deshalb. Und über dem Bett hängt ein Bild mit einem Fisch, ist mein Sternzeichen. Tiere habe ich gern. Im *Zolli* gehe ich immer zu den Seelöwen. Das Puzzle mit den *Katzebusi* hat mein Mami gemacht. Auch von Harry Potter bin ich Fan. Die Burg, in der er lebt, habe ich. Dort auf dem Schrank steht sie. Über dem Bett hängt auch eine Fledermaus. Die beschützt mich. Und ein Traumfänger mit einem Wolf in der Mitte. Im indianischen Horoskop bin ich ein Wolf und im chinesischen bin ich eine Ratte. Wo ich aufgewachsen bin, in der Maiengasse in Basel, hatte es Fledermäuse. Die haben mir keine Angst gemacht. Aber Luftballone, die, wo man drinsitzen kann. Da wollte ich nicht rein, habe immer geweint. Jetzt habe ich sie gern. Sehen schön aus am Himmel.

    Im WohnWerk bin ich schon lang. Seit vierzehn Jahren. Mit unserer Hausleiterin Anni verstehe ich mich gut. So gut wie mit Fabienne. Sie ist meine Schwester, mit ihr bin ich aufgewachsen. Fabienne hat drei *Häsli*. Bacio, Chipolata und Lind. Einmal habe ich eins gestreichelt. So weich! Sie hat auch einen Freund, Yves. Ich habe keinen. Ich hatte mal einen, doch das ist nicht gut ausgegangen.

    In der Werkstatt habe ich gute Freunde. Vor ein paar Monaten ist einer gestorben, das war traurig. Ich war an der Abdankung, ist gut gegangen. Aber ich habe geweint wie ein Schlosshund. Eigentlich stinkt mir das Arbeiten. Ich würde lieber Ferien machen. Letztes Jahr im September war ich in Paris. Mit Mami, Papi, Fabienne und Yves. Vor dem WohnWerk habe ich in Liestal gelebt. Dort hat es mir gefallen. Hier gehe ich in den Bildungsklub, in einen Tanzkurs, mit Musik. ‹Komm tanz mit mir›, heisst er.

    Wäre ich Königin von Basel, hätte es für einen Tag in der ganzen Stadt überall Hunde und Katzen. Wenn eine kommt und miau macht, weiss ich schon, was das heisst: Streichle mich, sofort!

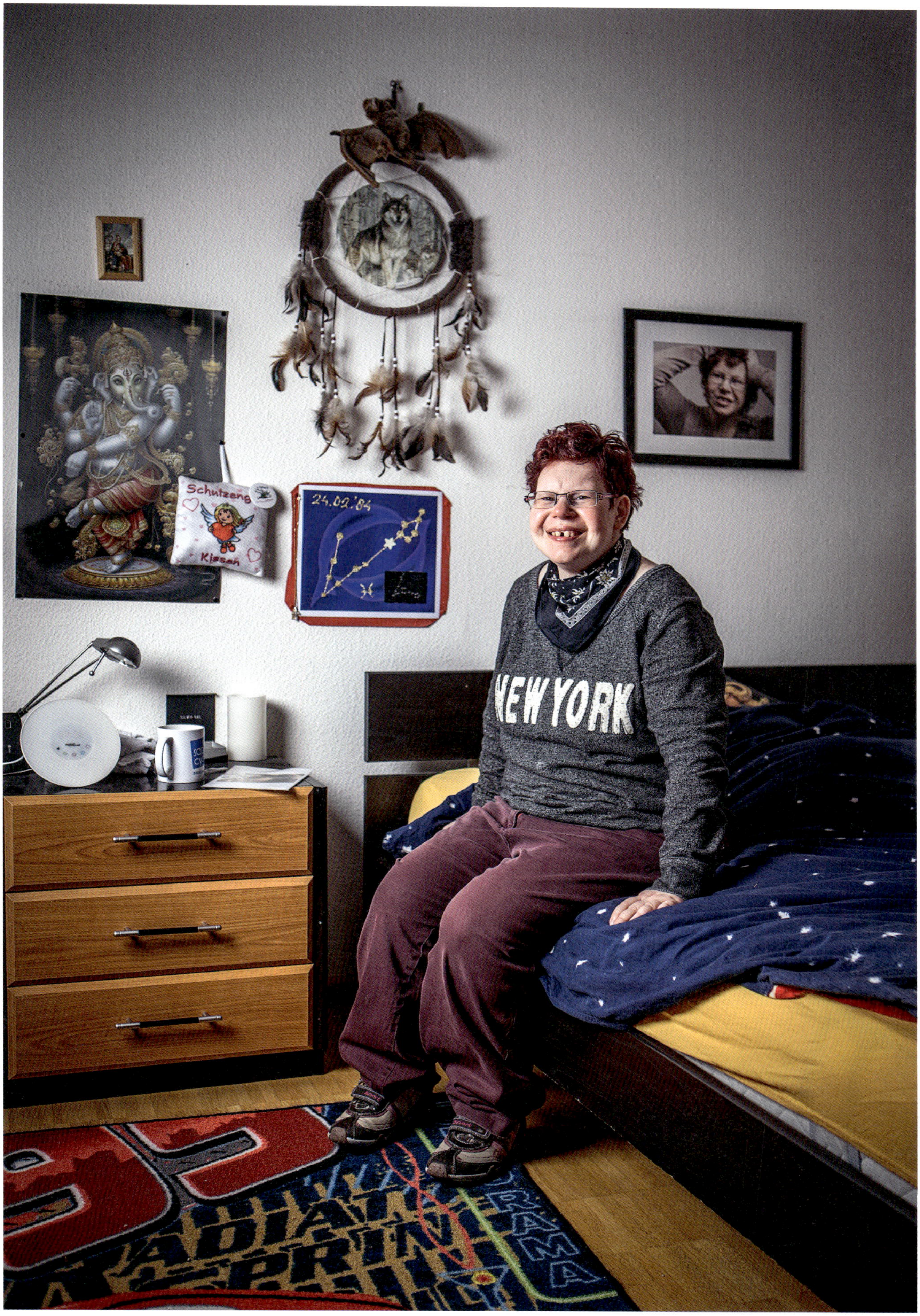
Schutzeng
Kissen
24.02.'84
NEW YORK

THOMAS DEGEN
56 JAHRE

Ich bin ein richtiger Basler, aber kein aktiver *Fasnächtler*. Ich gehe nur als Zuschauer hin. Im WohnWerk wohne ich nur, arbeite aber nicht mehr hier. Seit Januar 2017 habe ich einen neuen Job: in Arlesheim, im Restaurant Sternen, in der Küche. Jeden Tag fahre ich mit dem *Einserli* und dem *Zähner* dorthin. Ich fühle mich wohl dort. Ist doch mal was anderes als in der Werkstatt! Und im Büro für Leichte Sprache war ich von Anfang an auch dabei. Ich habe mitgeholfen, es aufzubauen. Ich lese eben gerne und habe viele Bücher, vor allem Eisenbahnbücher. Verkehrsmittel interessieren mich sehr, und ich sammle auch Modelle. In der Stadt bin ich selbstständig unterwegs und kenne mich gut aus. Am Wochenende gehe ich gerne Tram und Bus fahren oder spazieren. Am liebsten beobachte ich die Leute. Zum Beispiel sitze ich am *Baarfi* im ‹Braunen Mutz›, trinke eine Stange und beobachte die Leute. Auch wenn man einander nicht kennt: Der Gesichtsausdruck sagt viel. Ich bin ein bisschen ein Einzelgänger und mache gerne etwas für mich alleine. Einen Internetkurs habe ich auch einmal gemacht, aber ich habe keinen Computer. Aber dieses Google hat mich einfach interessiert. Damit kann ich Restaurants suchen oder Trams oder Busse. Auch Gesundheit und Medizin finde ich spannend. Was geforscht wird und so. Ich habe ein breites Spektrum von Interessen. Ich reise auch gern: In Zypern war ich schon, auf Mallorca, in Deutschland, in Italien. Mein nächstes Reiseziel ist Kanada. Mit Procap. Das ist ein grosser Invalidenverband, der auch Auslandferien anbietet. Am liebsten würde ich natürlich Bären sehen! Im WohnWerk wohne ich jetzt seit fünf Jahren. Sie sind lieb hier, und ich fühle mich wohl. Vorher habe ich alleine gewohnt, aber es ging plötzlich nicht mehr. Ich bekam Angstgefühle. Hier bin ich nicht allein und doch selbstständig. Ich kann machen, was ich will. Jeden Abend kann ich ausgehen. Marcel ist meine Bezugsperson. Mit ihm kann ich es gut. Und *s Röseli* mag ich. Und sie mich auch.

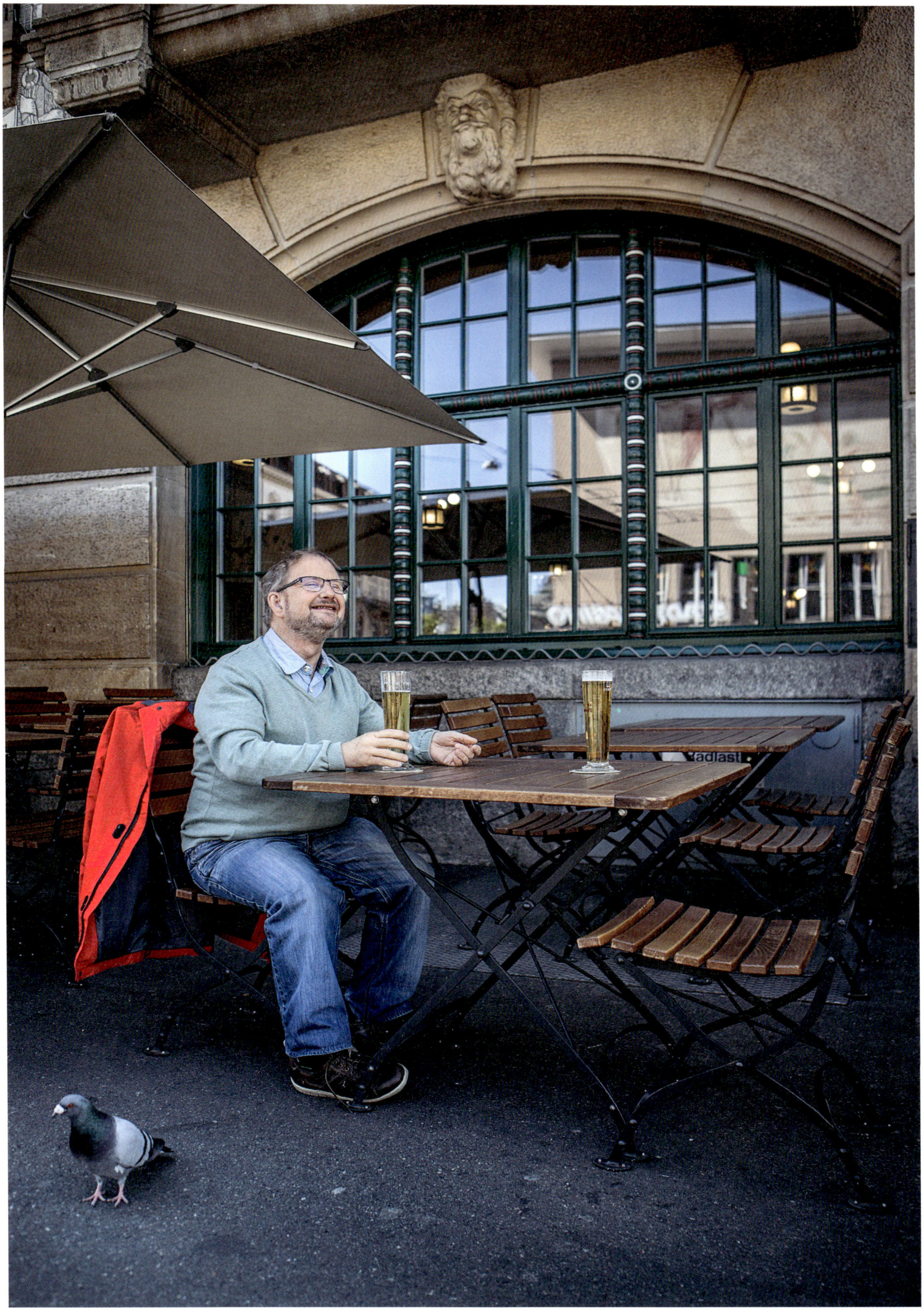

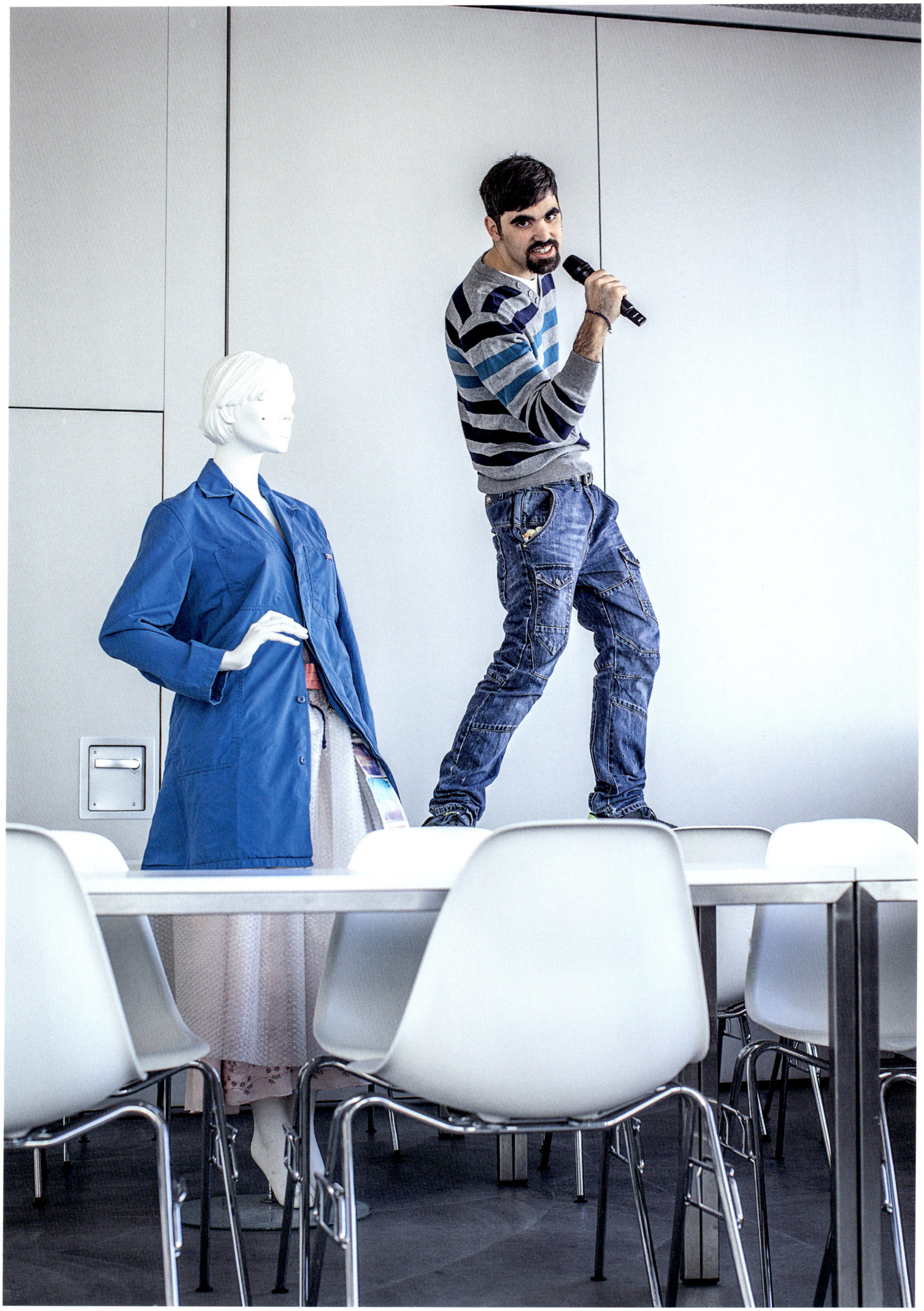

RICO BAGUTTI
29 JAHRE

Seit zehn Jahren arbeite ich im WohnWerk. Genau so lange singe ich schon bei den ‹Schreege Vögel›, der hauseigenen Band vom WohnWerk. Wenn wir einen Auftritt haben, proben wir einmal in der Woche. Doch zuerst sitzen wir zusammen, alle können ihre Ideen einbringen, dann probieren wir die Lieder aus. Gesungen habe ich schon ‹Hemmige› von Mani Matter, ‹Rote Lippen›, ‹Über den Wolken›, aber auch englische Lieder, zum Beispiel ‹Stay by me›. Ich mache es gern, aber an dem Tag, an dem wir auftreten, bin ich immer meganervös! Noch besser als Singen gefällt mir Tischtennis. Ich habe schon an vier Turnieren gespielt. An den National Summer Games in Bern wurde ich 2014 Doppel-Vizemeister und siebter im Einzel. Klar war ich megastolz, bin schliesslich mit zwei Medaillen nach Hause gekommen. Es ist ein tolles Erlebnis, man streitet nicht, im Gegenteil: Jeder gönnt dem anderen den Erfolg.

    Ich wohne in einer eigenen Wohnung in Pratteln, nur fünf Minuten von meinen Eltern entfernt. Fast jeden Tag gehe ich sie besuchen, auch wegen der drei Katzen, mit denen ich so gerne schmuse. Sie sind meine *Schätzelis*! Mein Lieblingstier ist aber der Königspinguin, weil er auf der Brust ein so schönes Muster hat. Ein Teil meines Bücherregals ist deshalb für meine Pinguinsammlung reserviert. Von klein bis gross, alles ist da. Auch einer aus Plüsch, den habe ich von meinem Grosi bekommen, das leider schon gestorben ist.

    Wenn alles möglich wäre, möchte ich einmal um die Welt reisen. Meine Schwester und ich planen, zusammen nach Neuseeland zu gehen, das reizt mich extrem, muss megaschön sein. Ausserdem gibt es dort Pinguine …

    Am liebsten bin ich mit meinem besten Kollegen Michel Stippich unterwegs, den ich im WohnWerk kennengelernt habe. Mit ihm gehe ich durch dick und dünn. Im Sommer sind wir von hier nach Rodersdorf gelaufen und mit dem *Trämli* wieder zurück. Ich will das Leben eben geniessen und sage oft: YOLO. You Only Live Once.

KARL HOFER
61 JAHRE

Komm, ich zeige dir meine Bilder. Weisst du, Pia hat mir alles erklärt. Wie man die Farben mischt und so. Wenn du einen Baum machst: zuerst mit Weiss, mit Rot, mit Grün. *Jojo*, ich zeichne das zuerst vor. Nein, ich male doch nicht hier am Tisch – dort vorne, in der Crea natürlich. Ich habe immer gemalt und gezeichnet, *jojo*. Schon im Kindergarten. Weihnachtskarten habe ich auch gemacht. Engel auch, und so weiter. Auch mit Kreide. Jetzt hatte ich Wasserfarben. *Jojo*. Gesichter male ich viel. Ich habe auch schon ausgestellt. Ja, malen tut gut, *jojo*. Manchmal zeichne ich auch etwas nach. Einen Baum, einen Berg. Oder einen Schmetterling. Oder ich nehme ein Buch als Vorlage oder sonst etwas. Pia hat mich auf die Idee mit den Köpfen gebracht. Nein, das sind keine bestimmten Leute. Fantasie, einfach Fantasie. *Jojo*. Diese Bilder habe ich auch gemacht. Ich bin oft in der Crea, aber nicht nur. Meistens am Donnerstag und am Freitag. Manchmal mache ich auch *Seifi*, siehst du, ja. Bei den Seifen mache ich auch mit. Und siehst du, hier, diese Köpfe: mit Ölkreide. Ich habe schon Freude, wenn sie aus meinen Bildern Karten machen. Ich mache alles gerne. Ah, ja, genau: Der *Santiglaus* bin ich auch gerne. Dort drüben arbeitet Mirco, mein Kollege. Er ist mein *Schmutzli*. Wenn die Kinder noch klein sind, sind sie schüchtern. Und sie können auch noch kein *Versli*. Aber du gibst ihnen dann doch ein *Säckli*. Du darfst nicht so streng sein mit ihnen. Ich weiss noch, wie ich früher selber Angst hatte, *dr Gagg in dr Hoose*. Und er stand mit dem Sack in der Tür. Ich mache den Kindern sicher keine Angst. *Jojo*, ich bin ein richtiger Basler. Früher habe ich beim Jugendfest mitgemacht. Geholfen. Um fünf aufgestanden und Bänke aufgestellt und weiss ich *was dr Tüüfel*. Kinderfasnacht mit dem *Leiterwägeli*. Heute gehen wir nur noch zuschauen an der Fasnacht. Aber ich mache immer noch genug. Wenn jemand fragt, ob ich helfen kann, helfe ich.

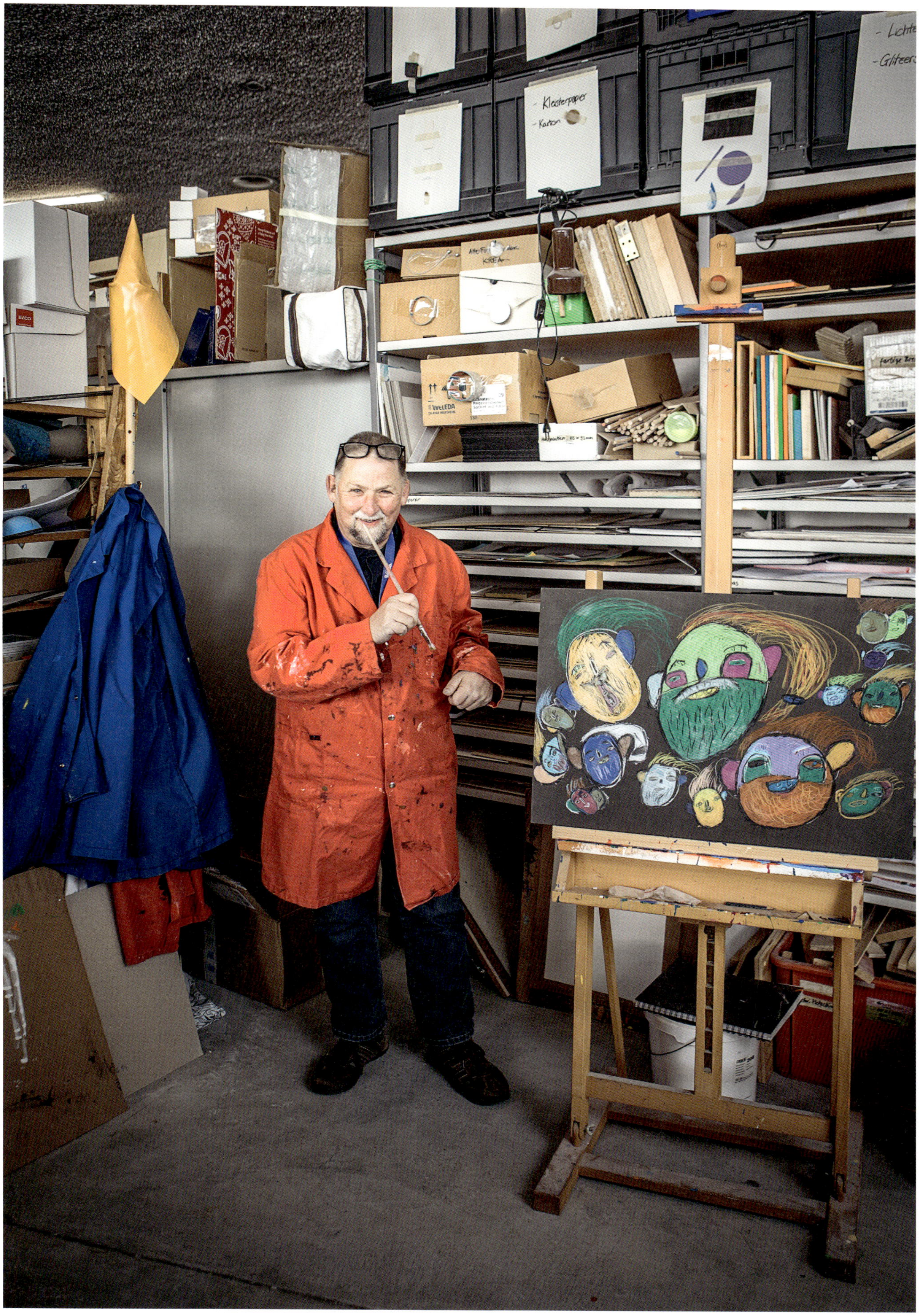
- Klasterpapier
- Karton

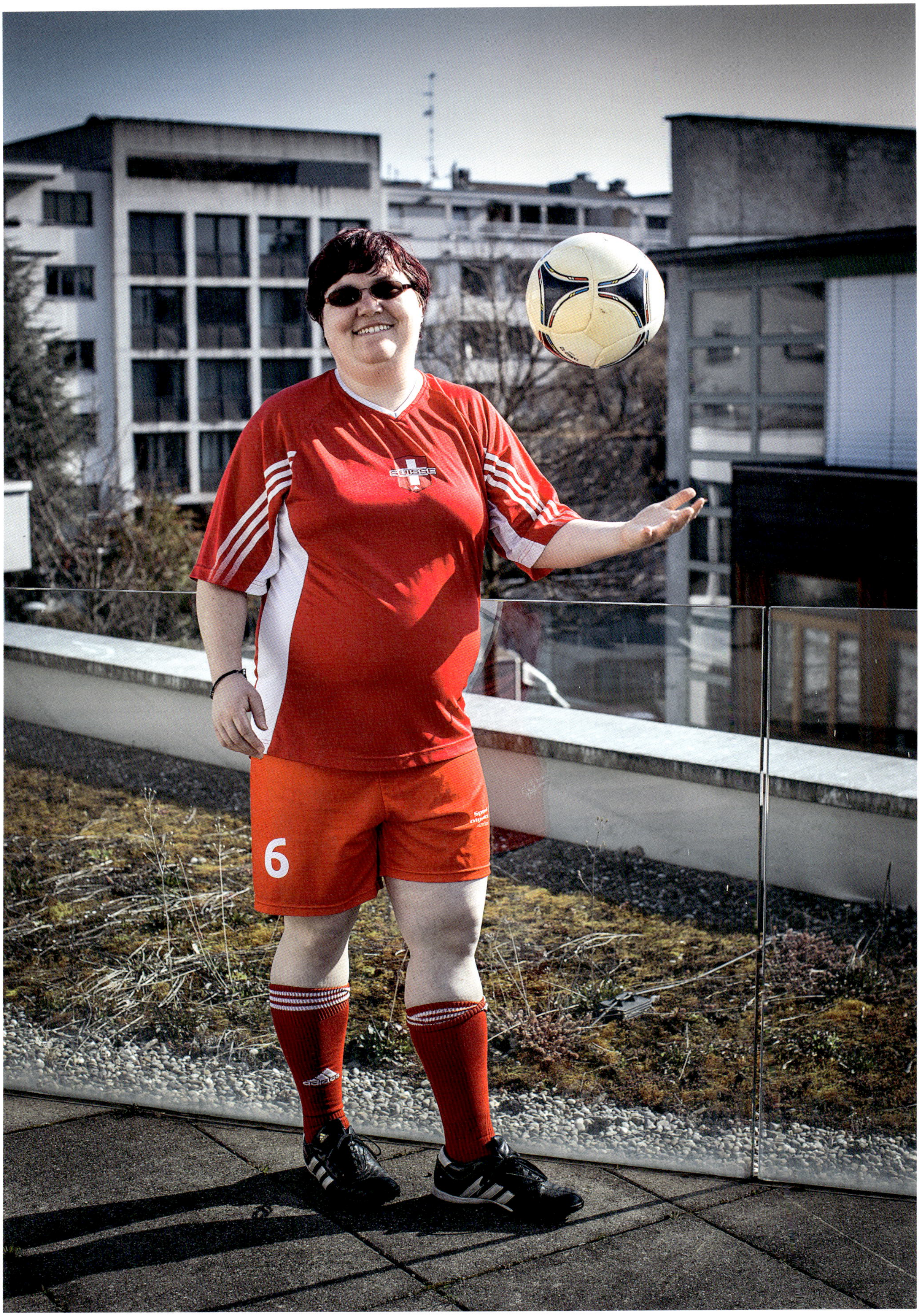
SUISSE
6

ANDREA RELLSTAB
34 JAHRE

Ich war mit unserer Frauen-Fussballmannschaft schon an den Special Olympics in Athen und in Los Angeles. Meine Position? Verteidigung. Das Wichtigste auf dem Rasen ist der Zusammenhalt. Angefangen damit habe ich vor zwölf Jahren, ein Jahr, nachdem ich ins WohnWerk gekommen bin. Hier spielen wir in einer gemischten Mannschaft. Seit ich die Assistentenprüfung gemacht habe, muss ich mich an Turnieren entscheiden, ob ich lieber spielen oder lieber das Team mitleiten möchte. Beides geht nicht. Nächstes Jahr sind die nationalen Summer Games in Genf. Da sitze ich im Athletenkomitee und kann wählen, ob ich lieber das Feuer anzünden, die Flagge reintragen oder den Eid sprechen möchte. Für was ich mich entscheiden werde, weiss ich noch nicht, aber ich habe ja noch ein wenig Zeit.

Seit dreizehn Jahren komme ich zum Arbeiten hierher. Wohnen tue ich in Läufelfingen, auf dem Bauernhof meiner Eltern zusammen mit 21 Kühen, einem Muni, dreizehn Mastkälbern, einem Hund, drei Katzen und den drei Schlangen meiner Schwägerin. Seit mein Vater pensioniert ist, hat mein Bruder den Hof übernommen. Ab und zu helfe ich aus im Stall.

Im WohnWerk arbeite ich in der Ökonomie. Wir, das sind sechs Frauen und ein Mann, machen die Wäsche von den Wohngruppen und die allgemeine Reinigung der Nasszellen. Zudem bin ich im Bistro für die Tischdekoration zuständig, die je nach Jahreszeit unterschiedlich ist, mache manchmal die Kasse zusammen mit jemandem vom Personal und – jetzt kommt das Beste: Immer am Dienstagmorgen bin ich in der Küche und mache Suppen, Chutney, Desserts oder Kuchen, die wir im Bistro verkaufen. Es ist schön zu sehen, wie die Leute Freude haben an den Kuchen.

Wenn ich einen Wunsch frei hätte, fände ich es toll, wenn mehr Leute sehen würden, was wir in der Ökonomie alles tun. Wir machen nämlich viel mehr, als nur putzen. Zum Beispiel erinnern wir eine Klientin, die zuckerkrank ist, daran, dass sie keine Banane essen soll. Oder wir schneiden Essen klein. Wir helfen einfach den anderen, die etwas stärker gehandicapt sind als wir.

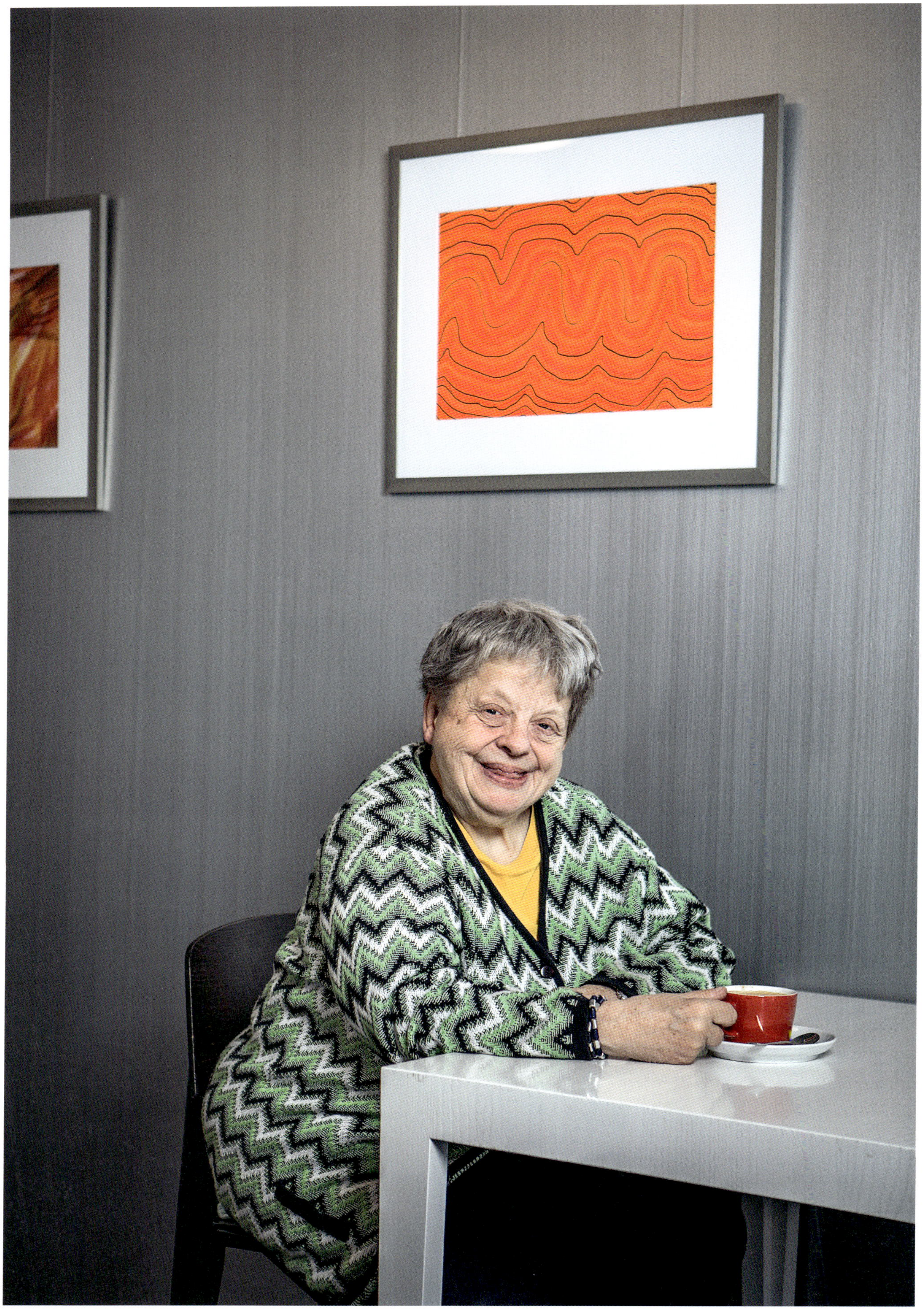

BEATRICE EICHENBERGER
66 JAHRE

Hier ist mein Zimmer. Ja, die Tür kannst du offen lassen. Komm! Ich bin übrigens pensioniert. 42 Jahre habe ich gearbeitet und – jaja – manchmal fehlt es mir schon ein bisschen. Willst du einen Kaffee? Oder soll ich dir ein Glas Wasser holen? – So, hier. – Ich bin in Spiez aufgewachsen, aber ich lebe schon lange in Basel. Go *lädele* mag ich nicht mehr so, weil ich mit dem Rollstuhl Hilfe brauche, um ins Tram zu kommen. Aber ich gehe gerne fein auswärts essen! Im Bottminger Schloss war ich schon. Schau mal, das ist mein Fernseher. Und wer hat den bezahlt? Weisst du, wer? Kein Mann, nein. Eine Frau. Ja. Soll ich es sagen? Was denkst du? Soll ich einen Tipp geben? Ich! Ich selber. Von meinem eigenen Lohn. Und der Martin hat ihn mir mit dem Auto gebracht. Wenn Roger Federer spielt, schaue ich den Tennismatch. Ich wusste, dass er in Australien gewinnt. Einen Fan-Schal habe ich auch. Er ist einfach *en Nätte*. Und wann macht ihr das Foto? Nicht heute? Also gut. Du hast im Fall einen schönen Ring. Meinen Ring habe ich von meiner Gotte bekommen, zur Konfirmation. Ja, ein bisschen eitel bin ich schon. Ich gehe auch gerne zum Coiffeur. Du, der Roland lebt nicht mehr. Er hat im ersten Stock gewohnt, genau hier unter mir. Er ging mit seinem Vater in die Berge, plötzlich sagte er: «Mir geht es nicht gut.» Sein Herz hat einfach aufgehört zu schlagen. Roland kam immer mit mir nach Arlesheim, mit der Freizeitgruppe. Es war immer lustig: spielen, basteln und *so Züügs* haben wir gemacht. Jetzt fehlt er mir. Aber um zwei kommt … weisst du, wer? Rate mal! Der Martin. Er ist meine Bezugsperson.
Er kommt immer mit dem Töff. Er ist *nätt* und charmant. Und ins Zimmer von Roland kommt jetzt dann auch wieder *öpper*. Ich weiss, wer. Eine Frau. Anni kennt sie auch. Willst du es wissen? Nein, doch nicht die Edith! Mit ‹B›. Rate mal! Soll ich es sagen? Sie ist lustig und nett. Brigitte Burri heisst sie. Das ist gut. Ja, und morgen gehe ich wieder in die Aktivierung.

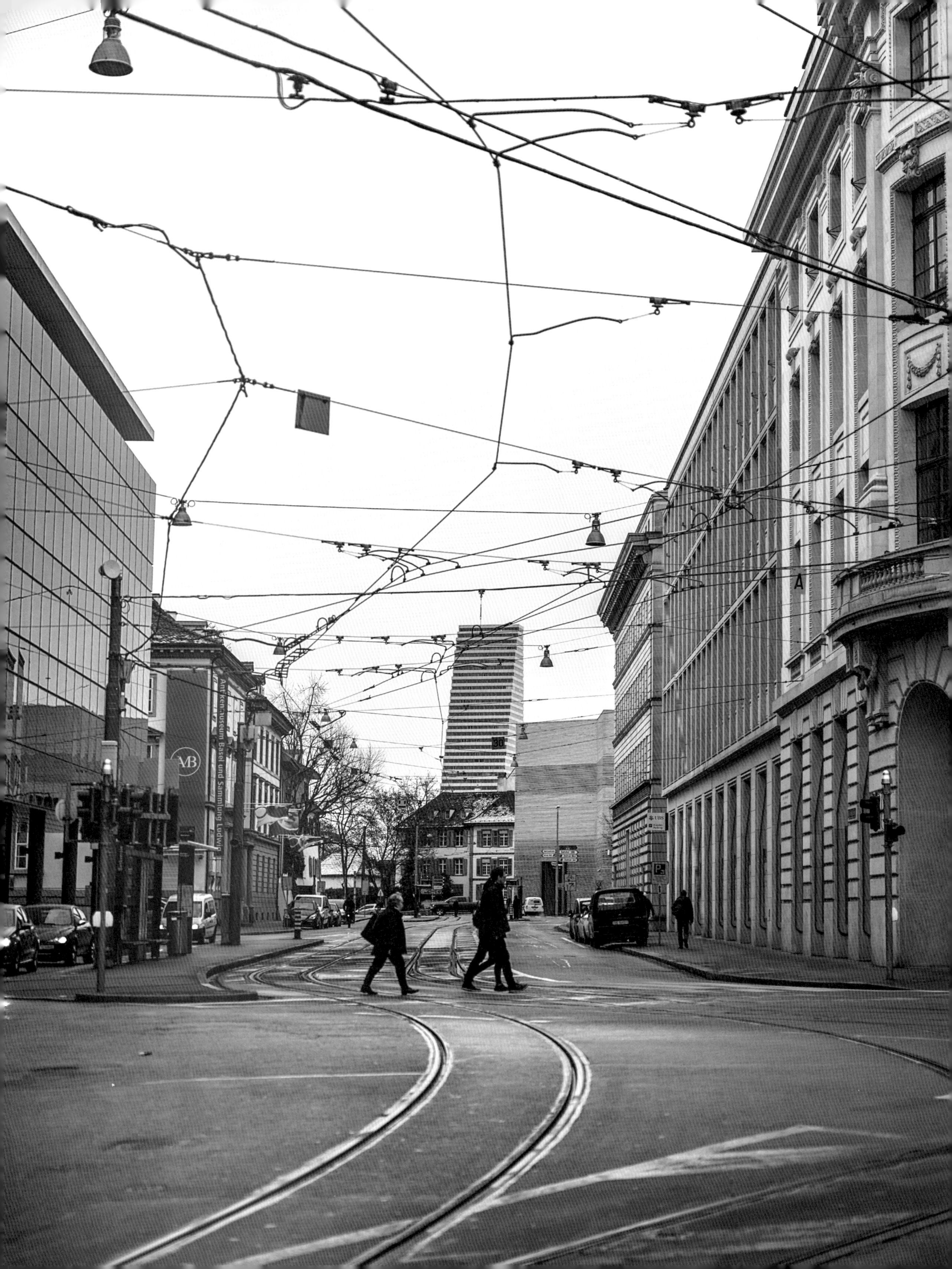

3

DAS WOHNWERK UND SEINE TÄTIGKEITEN

DAS WOHNWERK: EIN RUNDGANG

Esther Keller (Text)
Jonas Schaffter (Bild)

Ein emsiges Treiben überall, jede freie Hand packt mit an. In den Werkstätten des WohnWerks wird sortiert und verpackt, bemalt und verziert, demontiert und produziert. In den Wohnungen wird geputzt, gekocht und gelacht. Das WohnWerk ist ein besonderer Ort. Hier leben und arbeiten Menschen mit geistiger Beeinträchtigung. Und hier zählt, was jemand kann, und nicht, was er nicht kann.

Wie viele Male ist man schon daran vorbeigefahren, ohne es zu wissen. Von der geschäftigen Missionsstrasse führt eine Einfahrt zwischen einer Häuserlücke hindurch in einen weiten Innenhof. Nur wenige Meter, und der Besucher befindet sich vor dem modernen Hauptgebäude des WohnWerks, gebaut von den Basler Architekten Christ & Gantenbein. Es lädt mit seiner Transparenz zum Näherkommen und Kennenlernen ein. Zur Rechten blickt man ins gemütliche Bistro mit seinen rot gestrichenen Wänden. Darüber die Stockwerke mit modernen Wohnräumen.

In diesen beiden Gebäuden befindet sich heute das WohnWerk, ein weiteres Wohnhaus liegt an der nahe gelegenen Austrasse. Das WohnWerk bietet erwachsenen Menschen mit einer geistigen Beeinträchtigung ein Zuhause. Zudem können sie hier einer wertschöpfenden Tätigkeit nachgehen und ihr eigenes Geld verdienen. Hier stehen nicht ihre Defizite im Vordergrund, sondern ihre Talente und Fähigkeiten. Und davon haben Menschen mit einer geistigen Beeinträchtigung wie jeder Mensch eine ganze Menge. Das WohnWerk schafft die Rahmenbedingungen, dass diese voll zum Tragen kommen können.

Geschäftig wie ein Bienenhaus

Es ist die Zeit vor Weihnachten. Das Haupthaus gleicht einem Bienenstock. Keine Ecke des weitläufigen Hauses bleibt ungenutzt. In den verschiedenen Werkstätten wird gebaut, geklebt, sortiert, gewickelt, verpackt, sorgfältig kontrolliert und bereitgestellt. Konzentriert sind alle bei der Arbeit. Jede und jeder will die anvertrauten Aufgaben einwandfrei erledigen. Es wird zuweilen diskutiert und gelacht, aber die Atmosphäre ist geschäftig.

«Hier verpacken wir Shampooflaschen. Man nennt das Schrumpfen», erklärt Maribel Dominguez. Die junge Frau steht vor einer grossen Maschine, mit deren Hilfe sie Produkte in transportierfähige Plastikfolien hüllt. Sobald die kleinen Päckchen aus der Maschine kommen, sorgt ein Kollege für die entsprechende Etikettierung, bevor jemand weiteres sie in Kisten verstaut. Das Team arbeitet selbstständig, nur die Endkontrolle wird von einem Werkstattleiter durchgeführt.

Ein Raum weiter duftet es nach Zimt und Äpfeln. «Ein tolles Projekt», sagt Begleiterin Judith Curschellas. Hier werden Äpfel getrocknet und für den Verkauf verpackt. Die Idee kam von Maturandinnen, die mit ‹Swapple› ihr eigenes kleines Start-up gründeten. Gemeinsam mit dem WohnWerk entwickelten die jungen Frauen die nötigen Arbeitsprozesse, die hier nun vollzogen werden.

Kreative Lösungen für tägliche Herausforderungen

Das Thema Innovation zieht sich durch das ganze Haus. Wer mit Menschen mit geistiger Beeinträchtigung arbeitet, wird erfinderisch. So hat der Daniel Düsentrieb des Hauses, wie ihn die Kollegen nennen, zahlreiche Hilfsmittel erfunden. Dank diesen werden individuelle Einschränkungen überwunden und kommen Stärken voll zur Geltung. Ein eindrückliches Beispiel ist die Zählmaschine. Viele der begleiteten Arbeitskräfte im Haus können nicht zählen. Was tun, wenn ein Auftrag aber genau diese Fähigkeit erfordert? Wie etwa das Abpacken von Bastelperlen in einer gewissen Menge? In diesem Fall ist die so geniale wie einfache Lösung ein Holzkästchen mit genau derjenigen Anzahl Vertiefungen, wie es Perlen braucht: In jede Vertiefung kommt eine Perle, und sobald das Kästchen komplett ist, werden die Perlen in eine kleine Schachtel abgefüllt. Fertig ist die Bastelbox. Übrigens: Natürlich heisst dieser Daniel mit Nachnamen nicht Düsentrieb wie in Entenhausen, sondern Riesen und ist Werkstattleiter beim WohnWerk.

Die Zählmaschine ist ein gutes Beispiel dafür, wie im WohnWerk Teilhabe gelebt wird. Man schafft für die Menschen mit kognitiver Beeinträchtigung ein Umfeld, das es ihnen ermöglicht, ihre Fähigkeiten anwenden zu können und sich so als kompetent zu erleben. Ein Mensch, der sich zwar gut und ausdauernd konzentrieren, nicht aber zählen kann, wird dank der Zählmaschine zur idealen Besetzung für die oben genannte Tätigkeit, die über Stunden hinweg eine hohe Genauigkeit erfordert.

Nach diesem Prinzip werden in den Werkstätten des WohnWerks die unterschiedlichsten Produkte hergestellt, ein- oder ausgepackt: Tierfutter, Necessaires, Grusskarten, Hustensirup, Badeessenzen, Spiele, Muster, Bilder, Poster, Kleidungsstücke und so weiter. Und bei jedem Handgriff wird eine Sorgfalt angewandt, über die sich sogar ein rohes Ei freuen würde.

Apropos Ei: Ein bisschen ähnlich sehen sie aus, die Seifen, wenn sie angeliefert werden. Acht Arbeitsplätze konnten mit dem Seifen-Recyclingprojekt ‹SapoCycle› geschaffen werden. Stolz berichtet Remo Rivolta, dass sie für dieses NGO-Projekt von Radio- und Zeitungsjournalisten interviewt wurden. «Überall waren wir – in den Medien, auf YouTube und Facebook.» (Siehe Seite 73)

Offenheit nach innen und aussen

120 Arbeitsplätze bietet das WohnWerk insgesamt. Zuweilen arbeiten Begleitpersonen und begleitete Arbeitskräfte gemeinsam, so zum Beispiel im Bereich der Ökonomie, wo Reinigungs- und Wäschearbeiten erledigt werden – und im Bistro. Das Bistro dient sowohl als interne Kantine wie auch als Café und Restaurant, das offen ist für alle. Die Lage an der Missionsstrasse trägt dazu bei, dass das Bistro mittlerweile zu einem Begegnungsort im Quartier geworden ist. Immer mehr Gäste von ausserhalb finden den Weg in die warme Stube. Zwei Köche und vier Klienten sorgen dafür, dass keiner das Haus hungrig verlassen muss.

Und was geschieht mit den Menschen mit kognitiver Beeinträchtigung, die das Pensionsalter erreichen? Für sie gibt es den Bereich Aktivierung. Hier gibt es keine Pflichten, sondern Möglichkeiten. Wer mag, kann basteln, singen, erzählen oder einfach Kaffee trinken. Gemeinsam werden Ausflüge gemacht oder Anlässe organisiert.

Überall beobachten Vögel das Geschehen – bunt, fröhlich, in allen Grössen und Formen. «Schräge Vögel», wie der Geschäftsleiter Uwe Armbruster sie lachend nennt. Die Vögel sind das Wahrzeichen des WohnWerks und eine humorvolle Anspielung auf die Vergangenheit der Institution, als man sie noch ‹Webstube› und die Bewohner ‹Webstübler› nannte – und sich Webstüblerwitze erzählte. Die Vögel gibt es als Skulpturen und Bildmotive. Die meisten werden in der Kreativwerkstatt des Hauses gefertigt – in der sogenannten Creaabteilung – und in Ausstellungen und vor Ort verkauft. Manch ein Kunde staunt über das schöpferische Potenzial, das hier vorhanden ist. Die Werke sprühen vor Lebensfreude, Dinge werden anders gedacht, Gewohntes wird auf den Kopf gestellt.

Sogar die Hausband ist unter dem Namen die ‹Schreege Vögel› bekannt und beliebt, auch ausserhalb des WohnWerks. Leadsänger Rico Bagutti zeigt ein Plakat, worauf die Band in Aktion abgebildet ist. Diese habe auch eine Botschafterfunktion, sagt Uwe Armbruster: «Einer unserer wichtigsten Werte ist die Teilhabe: Unser Ziel ist, dass sich Menschen mit kognitiver Beeinträchtigung als selbstverständlicher Teil der Gesellschaft erleben können. Über die Arbeit, aber auch über die Freizeitgestaltung. Sie sollen möglichst viele Wahlfreiheiten haben und sich in der Stadt bewegen können wie andere auch, an FCB-Spiele und in den Ausgang gehen.»

Professionalität und Qualität

Den Rahmen für diese Möglichkeit schaffen die rund siebzig Mitarbeitenden der Stiftung. Der Betrieb ist in die drei Bereiche Wohnen, Werkstatt und Administration aufgeteilt. Die Mitarbeitenden sind nahe am Geschehen – auch in administrativen Funktionen. Die Büros und Sitzungszimmer befinden sich im zweiten Obergeschoss über der Werkstatt. Der fünfköpfige ehrenamtliche und nach Ressorts organisierte Stiftungsrat entwickelt die langfristige Strategie und begleitet im Austausch mit der Geschäftsleitung deren Umsetzung.

Professionalität ist wichtig, nicht nur im Umgang mit den Klienten, sondern auch mit den Auftraggebern. Bekannte Unternehmen wie Beiersdorf oder Coop vertrauen auf die Arbeitsqualität, die im WohnWerk geleistet wird. Die Infrastruktur des Hauses ist auf Grossaufträge ausgerichtet. Sogar LKWs können bis vor die Tore fahren, um Waren anzuliefern oder abzuholen. Das Untergeschoss bietet eine Lagerfläche für bis zu sechshundert Paletten. Das WohnWerk verfügt auch über einen Maschinenpark – zum Schweissen, Binden, Drucken, Wägen und vieles mehr –, doch neunzig Prozent der Tätigkeiten sind Handarbeiten und die eigentliche Stärke der Institution. Man darf mit Fug und Recht – und einem Augenzwinkern – sagen: «Von führenden Ärzten empfohlen.» Swissmedic erteilte nämlich dem WohnWerk die Betriebsbewilligung für die Arbeit an Sekundärverpackungen von Arzneimitteln.

Wohnen und Arbeiten am selben Ort

Nur ein paar Schritte vom Haupthaus entfernt befindet sich das Wohngebäude, wo einige der 120 Klienten aus der Werkstatt wohnen. Insgesamt 32 Wohnplätze bieten die beiden Häuser an der Missionsstrasse und an der Austrasse. Beide Gebäude sind jüngeren Datums (2010/2001) und auf die Bedürfnisse der Bewohnerinnen und Bewohner ausgerichtet. Auf jedem Stockwerk teilen sich vier Menschen Küche, Bad und Wohnzimmer. Jeweils ein Mitarbeitender der Stiftung ist vor Ort, tags wie nachts, und hilft bei alltäglichen Dingen wie beim Einkaufen und Kochen. Ihre Freizeit gestalten sich die meisten Bewohner selbst. Eine obere Altersgrenze für die WG gibt es nicht. Nur wer einen hohen medizinischen Pflegebedarf benötigt, wird langfristig an ein Pflegeheim vermittelt. Bis zu diesem Zeitpunkt leben Alt und Jung miteinander. Nebenbei bemerkt: Einen Blick in die Zimmer werfen wir mit Absicht nicht – die Privatsphäre der Bewohner soll gewährleistet sein.

Es ist erst wenige Jahre her, seit die hellen und grosszügigen Räumlichkeiten des WohnWerks gebaut und feierlich bezogen wurden. Die damit verbundene Investition wäre ohne die Hilfe von Stiftungen, Spenden von Privaten und Unternehmen sowie einem Beitrag des Bundes nicht möglich gewesen. Einiges hat noch Entwicklungspotenzial, zum Beispiel die grosse Terrasse im zweiten Stock. Man könnte Anlässe durchführen, sie im Sommer als Freiluft-Arbeitsplatz nutzen. Aber die Umsetzung dieser Pläne eilt nicht. Solange die Auftragsbücher voll sind, fokussiert sich das ganze Haus auf die Arbeit in den Werkstätten. Geschäftig, gewissenhaft, genau – und häufig mit einem Lächeln im Gesicht.

Esther Keller
studierte an der Universität Basel Germanistik, Geschichte und Philosophie. Sie arbeitete als Moderatorin, Produzentin und Redaktorin für ‹Telebasel›, bevor sie Mediensprecherin bei Novartis wurde. 2014 erschien ihr zweites Buch, eine Biografie über den Kunstsammler Ernst Beyeler. 2015 gründete sie ihr eigenes Unternehmen. Seither schreibt sie Sachbücher (jüngst über die Basler Stiftung Sucht) und Kolumnen (Fokus Gesellschaft und Politik), moderiert Fachanlässe und betreut Kommunikationsmandate.

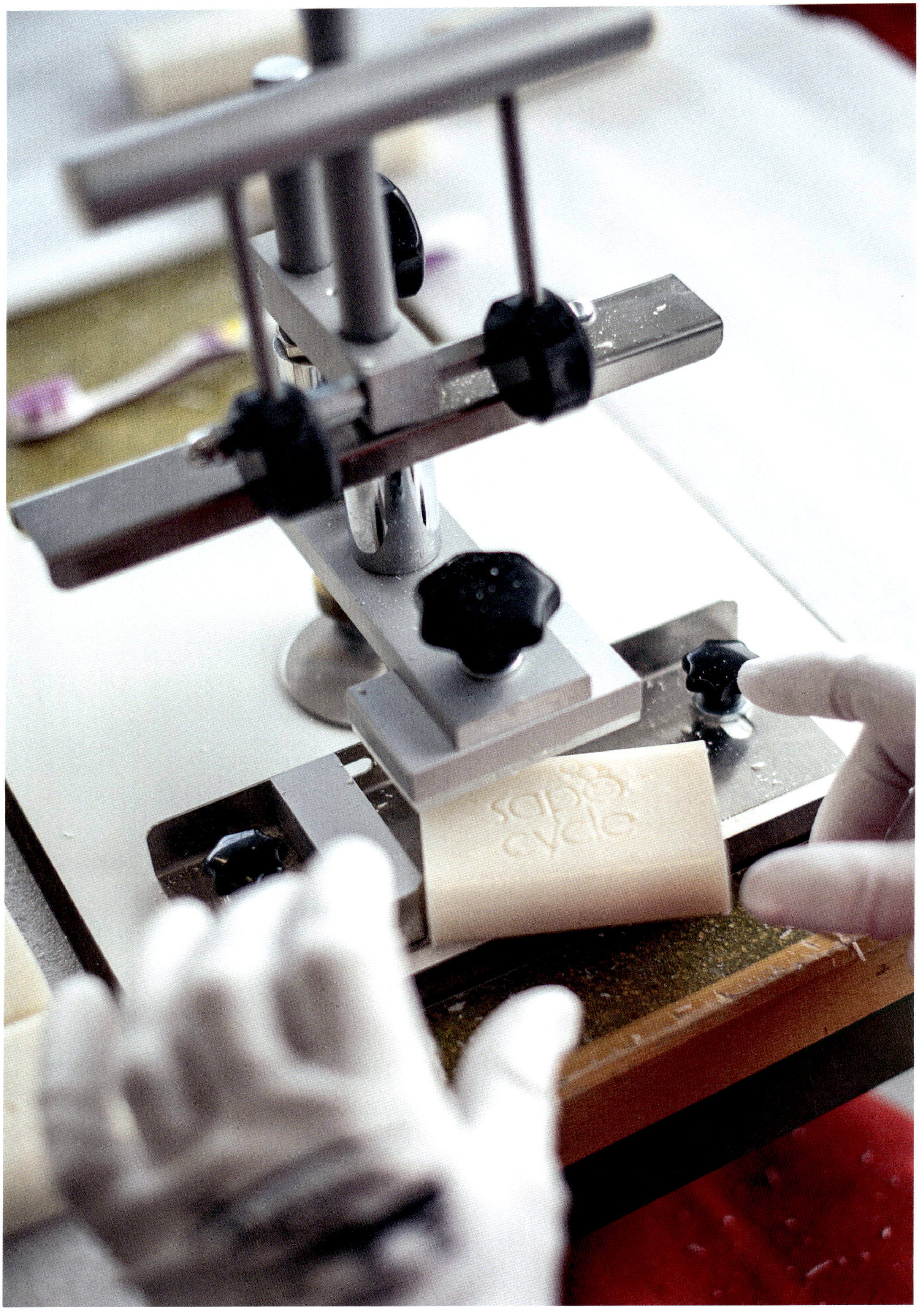
sapo
cycle

«OB WIR DAS KÖNNEN?
HEUTE NICHT,
ABER MORGEN!»

Christine Loriol (Text)
Jonas Schaffter (Bild)

Seifen können Leben retten. Menschen mit Beeinträchtigung können hochwertige Produkte herstellen. Und wenn eine Idee dermassen rasch zündet und man weiter kommt, als je geträumt – dann ist das schon ein bisschen ein ‹Wunder von Basel›: Das WohnWerk rezykliert für die Stiftung SapoCycle Gästeseifen von Luxushotels, mit denen in armen Ländern die Kindersterblichkeit verringert werden kann. Ein Projekt, das ökologisch-wirtschaftlich, humanitär und sozial überzeugt.

«Ciao! Salli! Bis morn! Jo, danggschön!» Feierabend. Es ist ruhig jetzt. Pia Tanner stützt einen Arm auf den Besenstiel und strahlt: «Wir kriegen es hin. Jo, gopfriidli!» Sie wird mit ihrem Seifenproduktionsteam in wenigen Wochen mehr als sechstausend Stück Seife ausliefern. «Zum ersten Mal haben wir eine so grosse Menge unter Zeitdruck produziert.» Nun ist klar: Das WohnWerk kann industriell und in guter Qualität produzieren, nach anderthalb Jahren planen, entwickeln, forschen und tüfteln.

Es begann mit Gesprächen, Begegnungen, gemeinsamen Interessen und offenen Ohren.

2013 sassen Dorothée und Rudolph Schiesser – er ist Verwaltungsratspräsident des Basler Fünfsternehauses Les Trois Rois – zu Hause beim Frühstück und diskutierten über Nachhaltigkeit in der Hotellerie.

«Du, was macht ihr eigentlich mit den benutzten Seifen im Hotel?»

«Wegwerfen …»

«Aber so etwas kann man doch nicht einfach wegwerfen!»

Das war der Auslöser.

150 Tonnen Abfall. Jedes Jahr

Zwölf Millionen Gäste benutzen fünf Millionen kleine Seifen in fünfhundert Luxushotels in der Schweiz. Dies verursacht rund 150 Tonnen Abfall. Jedes Jahr! Dorothée Schiesser, die in den Bereichen Kommunikation, Journalismus und Kultur zu Hause ist, recherchierte. Sie stiess auf Seifen-Recyclingprojekte in den USA und in Asien und erfuhr: Seifen können Leben retten. Händewaschen ist der effektivste Weg zur Verringerung von Kindersterblichkeit. Wirksamer als Impfungen, Medikamente oder isolierte Initiativen für sauberes Wasser.

Dorothée Schiesser hatte ihr Thema gefunden. Sie gründete die Stiftung SapoCycle und suchte Partner für Produktion und Distribution. Sie fand Josef Reinhardt, seit zwölf Jahren beim Schweizerischen Roten Kreuz und Projektleiter der Aktion ‹2 × Weihnachten›. In der Schweiz rezyklierte Seifen sollten auf Hilfstransporten mitgeschickt werden. «Die Idee hat mir sofort gefallen», sagt Reinhardt. Fast gleichzeitig lernte Cintia Jame, eine Freundin von Dorothée Schiesser und Stiftungsratsmitglied von SapoCycle, an einer Weiterbildungsveranstaltung Wohn-Werk-Geschäftsleiter Uwe Armbruster kennen.

«Wir suchen jemanden, der Recycling-Seifen produziert. Könnt ihr das?»

«Heute noch nicht, aber morgen.»

So kam zur ökologisch-wirtschaftlichen Dimension, nach der humanitären, auch noch die soziale hinzu.

Und dann kam Daysi

Kurz zuvor hatten Uwe Armbruster und Werkstattleiter Michael Rüdisühli nach neuen Projekten Ausschau gehalten und an einer Werkstättenmesse in Deutschland

Auf wenig Raum wird heute im WohnWerk professionell und industriell Seife produziert. Acht Mitarbeitende gehören zum Seifi-Team von Pia Tanner.

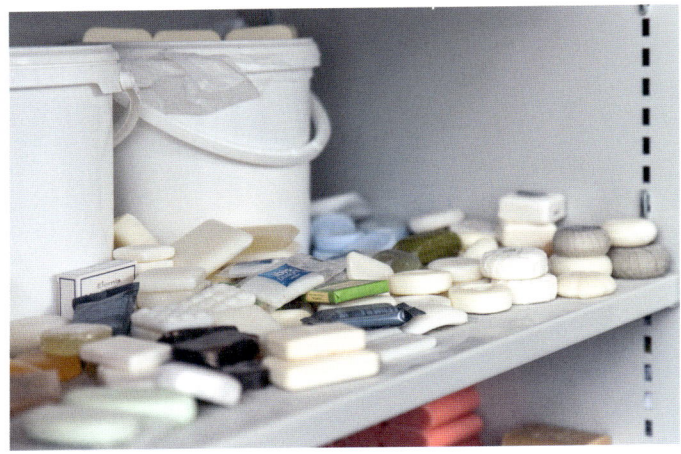

Zwölf Millionen Gäste benutzen fünf Millionen kleine Seifen in fünfhundert Luxushotels in der Schweiz. Dies verursacht 150 Tonnen Abfall. Jedes Jahr.

An Remo Rivoltas Arbeitsplatz beginnt der Reinigungsprozess der gebrauchten Seifen. Geradezu virtuos hobelt er auch die kleinsten Stücke in allen Formen sauber.

Ritsch, ratsch zieht Angelo Antonazzo Seifenstücke über einen Käsehobel mit abgesägten Beinen. Die gebrauchten Schichten fallen direkt in einen Behälter.

Nach dem Hobel kommt das Zerkleinern. Das ist die Aufgabe von Bernhard Kunz. Er füllt die gereinigten Seifen in die Maschine, bis sie nur noch Granulat sind.

Die Granulatmasse kommt zu Mirco Hofmeier und – *tatatata!* – zu Daysi: In der Seifenmaschine wird das Granulat erwärmt und kommt flach gepresst wieder heraus.

Danach zeigt Mirco Hofmeier seine Kür: «Ich schneide das ganze Stück ab. Daraus gibt es vier Seifen. Ich muss nur aufpassen, dass es schön gerade ist.»

Christina Kaestli legt die schönere Seite des Stranges ins Schneidegerät. Dann zieht sie einmal den Bügel hinunter – und schon liegen da vier Stück Seife.

Reto Schucan arbeitet ausgesprochen präzis: Er drückt jeder Seife den Stempel auf, den er vorher jeweils liebevoll mit einer Zahnbürste reinigt.

Und dann taucht Karl Hofer auf. *Dr Karli* bindet sich wortlos die Schürze um und beginnt seelenruhig, die fertigen Seifen in eine Schachtel zu packen.

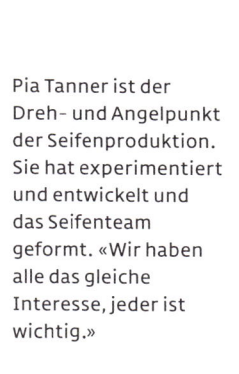

Pia Tanner ist der Dreh- und Angelpunkt der Seifenproduktion. Sie hat experimentiert und entwickelt und das Seifenteam geformt. «Wir haben alle das gleiche Interesse, jeder ist wichtig.»

eine Institution kennengelernt, die Seife produziert. Der Kontakt war rasch hergestellt, Armbruster und Rüdisühli wurden ans ‹Gildewerk› verwiesen, das in Holland Maschinen für soziale Institutionen herstellt. Man fuhr hin und sagte: «Ja. Wir versuchen es.» Die Seifenmaschine – später auf den Namen Daysi getauft – wurde im Mai 2015 geliefert.

Nun schlug die Stunde von Pia Tanner. Sie brauchte rund ein Jahr, bis die Produktion richtig funktionierte, Prozesse geklärt und Mitarbeitende geschult waren. Pia Tanner ist seit 25 Jahren im WohnWerk, mit einem Unterbruch von zehn Jahren. Sie hat Dekorateurin gelernt, war in verschiedenen Aufgaben und Positionen tätig und hat eine Weiterbildung als Kunstagogin absolviert. Pia Tanner: «Zuerst haben wir gepröbelt und getüftelt, gemeinsam mit unseren Klientinnen und Klienten. Wir haben manchmal bis in den Abend hinein nach Ideen gesucht und einfach auch ausprobiert, ausprobiert und nochmals ausprobiert.»

Pia Tanner hat ein Team von insgesamt acht Personen geschult, für jede Seifensorte ein eigenes Rezept geschaffen, Maschinen und Möbel umbauen lassen, diskutiert, optimiert, Fehler gemacht und Probleme gelöst, wenn sie auftauchten. Heute kann sie darüber lachen, aber «manchmal bin ich auch fast verzweifelt, bis ich verstand, warum etwas nicht funktionierte». Sie biss sich durch. «Diese Kombination aus Tüfteln und Leisten hat mich einfach interessiert. Und ich sah die Chance für unsere Leute, durch ein Produkt, das sie kennen, weil es auch zu ihrem Alltag gehört, Wertigkeit erfahren zu können. Seife ist zuerst dreckig und danach ein schönes Stück, und sie hilft, dass arme Kinder nicht krank werden. Das verstehen alle.»

Der nächste Funke sprang auf die Wissenschaft und die Hochschule für Life Sciences FHNW in Muttenz über. In zwei Bachelorarbeiten wurde untersucht, ob das Seifen-Recycling überhaupt ökologisch und wirtschaftlich vertretbar ist und wie Prozesse und Abläufe optimiert werden können. Prof. Dr. Wolfgang Riedl: «Wir fanden das Projekt von Anfang an hochinteressant. Fördergelder standen nicht zur Verfügung, also mussten wir interessierte Studierende finden, die wir gleichzeitig zum wissenschaftlichen Arbeiten anleiten konnten. Man muss dem glücklichen Zufall die Chance geben, eintreten zu können. Und das ist hier gelungen.»

Lauter gelöste Probleme
Angelo Antonazzo, Karl Hofer, Mirco Hofmeier, Christina Kaestli, Bernhard Kunz, Remo Rivolta, Reto Schucan, Pia Tanner und natürlich Daysi, die Seifenmaschine: Sie sind das Dreamteam. Wenn Daysi einen schlechten Tag hat, versucht Mirco, ihr gut zuzureden, während Angelo kurz für sie betet. Im schlimmsten Fall wird mit der Maschine geschimpft, damit man nicht aufeinander sauer werden muss. «Es braucht Humor und Teamgeist», sagt Pia Tanner, «dann kann man viel bewirken. Wir haben alle das gleiche Interesse, jeder ist wichtig.» Alle sind an der Herausforderung gewachsen. Uwe Armbruster: «Unsere Leute sind von der Leistungsbereitschaft her Weltmeister. So ein Team könnte auch im ersten Arbeitsmarkt Erfolg haben, davon bin ich überzeugt.»

Das Dreamteam will loslegen. Den Anfang machen Remo Rivolta und Angelo Antonazzo, zu zweit an einem Tisch. Remo – wir haben ausgemacht, einander zu duzen – zeigt eine quadratische, weisse Seife: «Seht ihr? Zuerst mache ich die beiden Flächen sauber, dann die Seiten.» Ritsch, ratsch zieht er das Stück über den Käsehobel. «Wir müssen mit Handschuhen arbeiten, damit wir uns nicht verletzen.» Remo kontrolliert die Flächen, bearbeitet danach die Ränder und wirft die Seife in ein Behältnis. Angelo fischt sich ein Stück nach dem anderen heraus: «Wenn es nicht gut ist, gebe ich es wieder an Remo zurück. Wir kontrollieren beide. Und wir sind beide Chefs.» Im ganzen Prozess prüft der Nachfolgende die Arbeit des Vorherigen. Und weil alle auf allen Positionen eingesetzt werden, kennt jeder alle Aufgaben. «Sie lieben es, ihr Können zu zeigen», sagt Pia Tanner. «Ich kann und muss nicht überall sein. Wichtig ist, dass jeder mitdenkt.» Es wird sortenrein produziert, das heisst Seifensorten werden nicht gemischt. Die Produktion ist dem Lebensmittel- und dem Kosmetikgesetz unterstellt, das Qualitätsmanagement wird dokumentiert. Jede neue Sorte wird in einem Labor getestet.

Der Tisch, an dem Remo und Angelo arbeiten, ist ein Paradebeispiel für ein gelöstes Problem. Die Seifen abzuwaschen, hat nicht funktioniert, Sparschäler waren zu wenig handlich, weitere Maschinen kamen nicht infrage. «Als die Hochschule für Life Sciences FHNW sagte, chemisch seien die Schadstoffe nur an der Oberfläche vorhanden, wusste ich sofort: Wir schneiden den Dreck einfach weg.» Pia Tanner holte in der WohnWerk-Küche einen Käsehobel aus Holz. Perfekt. Dann sägte sie ihn ab – hinten etwas weniger, vorne etwas mehr –, wegen der Motorik ihrer Klienten und damit die Tischplatte auf der richtigen Arbeitshöhe war und rollstuhlgängig bleiben konnte. Aber der Hobel rutschte auf der Tischplatte. Eine Leiste auf den Tisch zu nageln, war keine gute Idee, «man muss ja auch ans Reinigen denken». Der Schreiner sägte zwei Schlitze in den Tisch. So lässt sich der Hobel arretieren. Und damit sich die Hobelabfälle nicht stauen, ist dazwischen ein grösseres Loch in der Tischplatte, und darunter hängt an Schienen ein Metallbehälter aus der Küche, der sich ganz einfach herausziehen lässt. «Ergonomie ist bei repetitiven Bewegungen sehr wichtig», sagt Pia Tanner trocken. Weiter wurden *Wägeli* gekauft oder zweckentfremdet, damit Schweres geschoben statt gehoben werden kann. Mit einer Küchenmaschine von zu Hause wurde das Zerkleinern getestet, was dazu führte, in der Bistro-Küche eine grössere Gemüse-Schneidemaschine auszuprobieren. Das funktionierte so gut, dass die Seifenproduktion sie behalten konnte und die Küche eine neue bekam.

Rückblickend schreibt sich das alles leicht in ein paar Sätzen hin, aber dahinter stehen Menschen, Gespräche, Gedanken, guter Wille, überraschende Einfälle und Investitionen.

Das Feuer wird genährt und gehütet

Rund siebzig Hotels sind Anfang 2017 an Bord, vom ‹Les Trois Rois› in Basel zum ‹Baur au Lac› in Zürich, vom ‹Mont Cervin Palace› in Zermatt bis zum ‹Kronenhof› in Pontresina. SapoCycle bekommt immer mehr Anfragen von Hoteliers aus dem In- und Ausland. Ausgeliefert wurde bisher an Hilfsprojekte in Weissrussland, Bulgarien, Rumänien, Griechenland und Kamerun.

Das Feuer wird genährt und gehütet, und die Frage stellt sich, wie viele Scheiter man nachlegen könnte und wollte. Das Projekt hat Potenzial: «Wenn mehr Seife angeliefert würde, könnten wir mehr Arbeitsplätze schaffen», sagt Uwe Armbruster, «andererseits müssen wir auch überlegen, wo unsere Grenzen liegen. Am besten gefällt mir die Vision eines Netzwerks von Institutionen, Werkstätten, Distributoren und Hotels. Wir könnten unser Wissen weitergeben. Es passiert viel auf der Welt, und wir wollen uns auch an Lösungen beteiligen. Natürlich sind wir auf Aufträge angewiesen. Aber wir wollen auch sinnvolle und wichtige Aufträge ausführen. Und wenn uns jemand mit einer neuen Idee fordert: umso besser!»

Es ist spät geworden. Pia Tanner hat Feierabend. Mit *dr Seifi* hat sie ein grosses Los gezogen: Die Fünfzigjährige Baslerin konnte ihre Talente, Erfahrungen und Leidenschaften vereinen. Natürlich denkt sie darüber nach, was noch verbessert werden kann. Nur während der Fasnacht will sie davon nichts wissen. Pia Tanner spielt Piccolo in einem *Schissdräggzygli*. «Dann können mir alle *blööterle*.» Auch die Seife.

Christine Loriol
ist Journalistin und Texterin. Ihr Metier ist denken, schreiben, reden. Sie lebt und arbeitet in Zürich, hat von ihrem Vater Jules das Basler Bürgerrecht geerbt, und ihr jüngerer Bruder geht noch immer im FCB-Pulli ins Joggeli.

WIR MACHEN DAS WOHNWERK

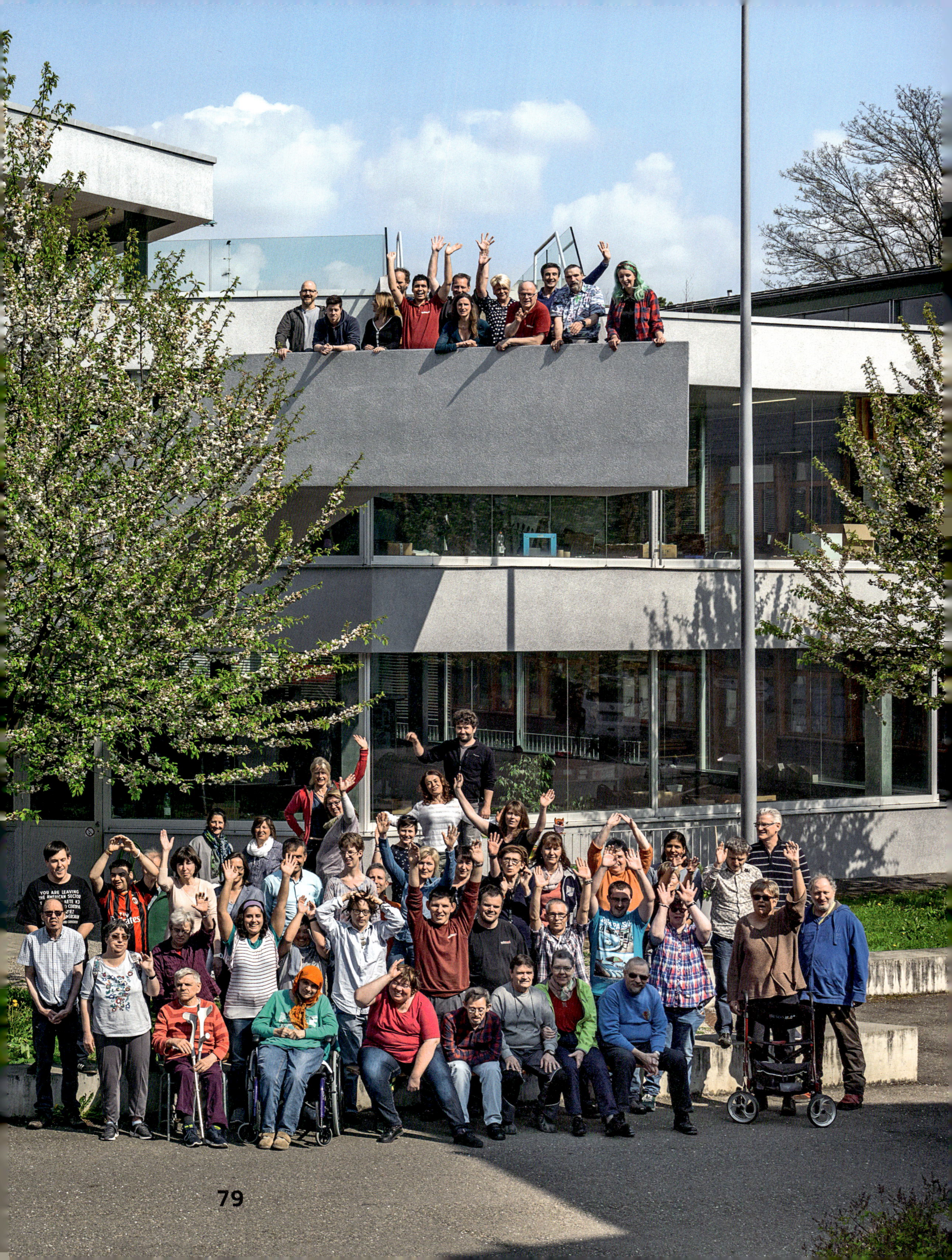
YOU ARE LEAVING
THE AMERICAN SECTOR

VON EINER, DIE AUSZOG

Anina Rether (Text)
Kathrin Schulthess (Bild)

Der Traum von der eigenen Wohnung gehört zum Erwachsenwerden wie die erste Verliebtheit. Bei Maribel Dominguez ist beides eng miteinander verknüpft. In der hundertjährigen Geschichte des WohnWerks ist sie die Erste, die das neue Angebot des ambulanten Wohnens nutzt. Seit August 2016 meistert die 23-Jährige ihren Alltag weitgehend selbstständig.

My home is my castle – Maribel Dominguez geniesst ihre Eigenständigkeit in vollen Zügen.

«Luxus brauch ich keinen, aber sauber und aufgeräumt muss es bei mir immer sein», sagt die 23-Jährige bestimmt.

Am Kühlschrank kleben fröhliche Selfies und bunte Postkarten, die Wände des Wohnzimmers sind mit bunten Postern, Sonnenuntergangsbildern und Tier-Puzzles behängt, und im Regal stapelt sich eine beachtliche Schuhsammlung. «Wenn eine Frau viele Schuhe hat, müssen sie eben irgendwo verstaut werden. Auch, damit der Begleiter nicht darüber stolpert.» Belustigt blickt Maribel Dominguez zu Samuel Lichtin. Der 26-jährige Begleiter ist zu Besuch, um nach ihr zu sehen und sie in Alltagsdingen zu unterstützen. Muss die Vorratskammer gefüllt werden, gehen die beiden gemeinsam einkaufen, steht ein Arzttermin an, bietet er an, sie zu begleiten. «Er hilft mir auch, wenn ich Probleme habe, etwas zu verstehen. Zum Beispiel eine komplizierte Rechnung oder einen schwierigen Brief.» Im Gegenzug geniesst sie es, ihn in ihrem eigenen Heim zu bewirten. «Wir verstehen uns gut. Ausserdem erinnert mich Samuel an meinen grossen Bruder, das finde ich schön.»

Seit August 2016 bewohnt die 23-jährige Aargauerin mit Lernbeeinträchtigung eine Zweizimmerwohnung in Kleinbasel. Ihr kleines Reich hält sie tipptopp in Schuss. Wäsche trennen und bei der richtigen Temperatur waschen? «Kein Problem, ich habe noch nie etwas verfärbt!» Putzen macht ihr sogar Spass, weil danach die Wohnung so frisch nach Zitrone riecht. Und obwohl sie eigentlich täglich Pizza oder Wienerli im Teig essen könnte; dank gutem Zureden der Begleitpersonen lande zwischendurch auch Gemüse und Früchte im Einkaufskorb. So probiert sie beim Kochen immer wieder einmal etwas Neues aus. «Manchmal schmeckt es sogar erstaunlich gut.» Sie lacht fröhlich und bietet ihrem Gast etwas zu trinken an.

Auch wenn sie die wöchentlichen «Kontrollbesuche» meist überflüssig findet; es gibt Momente, in denen Maribel Dominguez klar ist, dass sie Hilfe gebrauchen kann. Denn abgesehen von Miete, Hausratsversicherung, Nebenkosten und Krankenkasse, die ihre Beiständin übernimmt, kommt sie für ihre Lebenshaltungskosten selbst auf. Den monatlichen Beitrag, der sich aus dem Lohn von der Werkstatt des WohnWerks und aus den Leistungen der Invalidenversicherung (IV) zusammensetzt, verteilt sie auf verschiedene Couverts: Haushalt, Anschaffungen, Ferien, Kleider, Notfälle. Nicht immer bleibt am Ende des Monats etwas übrig.

Wie kürzlich, als sie ein teures Handyspiel heruntergeladen hatte, das laufend neue Kosten generierte. Daraufhin setzte sie mithilfe einer Begleiterin einen Brief auf und bat um Ratenzahlung. Diese Erfahrung machte ihr bewusst, wie wichtig es ist, sorgfältig mit Geld umzugehen. «Jeder, der zum ersten Mal alleine wohnt, muss das lernen», sagt Samuel Lichtin, Sozialpädagoge in Ausbildung und Maribel Dominguez' persönliche Bezugsperson. «Wir helfen dort, wo es nötig ist. Die übrige Zeit meistert Maribel ihren Alltag allein.»

Das WohnWerk geht neue Wege

Ausziehen. In den eigenen vier Wänden wohnen und tun und lassen, was man will – ein Wunsch, den auch viele junge Menschen mit Beeinträchtigung hegen. Doch bis vor wenigen Jahren führte ein Auszug aus dem Elternhaus meist auf direktem Weg in eine Behinderteneinrichtung.

Mittlerweile steht eine Vielfalt an Wohnangeboten innerhalb und ausserhalb von Institutionen zur Auswahl. Möglichkeiten wie die ambulante Wohnbegleitung entsprechen besonders dem Bedürfnis nach mehr Individualität und Selbstbestimmung, weshalb sich das Wohn-

Kochen gehört nicht zu Maribel Dominguez' Leidenschaften. Doch sie weiss, auch das gehört zum selbstständigen Wohnen. Sie versucht sich immer mal wieder an neuen Rezepten.

Werk 2016 entschlossen hat, diese Wohnform zusätzlich anzubieten. «In den letzten Jahren ist eine neue Ära angebrochen», sagt Samuel Lichtin. «Unsere jungen Klientinnen und Klienten haben alle Smartphones, nutzen WhatsApp und versenden Sprachnachrichten. Damit ist es viel einfacher geworden, sich auszutauschen und miteinander in Kontakt zu bleiben, was automatisch den Wunsch nach mehr Eigenständigkeit mit sich bringt.»

Dass ausgerechnet Maribel Dominguez den Anfang machen würde, war bald klar. Samuel Lichtin erinnert sich: «Sie kam mit einem klaren Ziel vor Augen in unser Wohnhaus an der Austrasse: baldmöglichst wieder auszuziehen und alleine wohnen zu können. Also haben wir gemeinsam darauf hingearbeitet.»

Gern gesehener Besuch: Maribel Dominguez' Freund und seine Mutter, die im selben Haus wohnen.

Eine Herausforderung – für alle Beteiligten. Einerseits lernte die junge Frau, was neben Kochen, Putzen und Wäschewaschen alles dazugehört, um einen eigenen Haushalt zu führen: Geld einteilen, einkaufen, Post erledigen, Freizeit planen, Konflikte lösen, Freundschaften pflegen. Andererseits mussten die Begleitpersonen lernen, vermehrt auf Maribel Dominguez Fähigkeiten zu bauen. «Wir waren – und sind noch immer – in einem Lernprozess. Die Kontrolle abzugeben und darauf zu vertrauen, dass sich die Situation gut entwickelt, ist nicht immer einfach», sagt Annamarie Bearth, Hausleiterin der Austrasse. «Ich erinnere mich noch gut an ihre erste Nacht in der neuen Wohnung. Ich habe kein Auge zugetan!» Maribel Dominguez neige dazu, sich zu überschätzen und Situationen nicht richtig einzuordnen. Doch ihre Fortschritte und ihre Fähigkeit, mit Rückschlägen positiv umzugehen, motivieren alle Beteiligten immer wieder aufs Neue. Auch ihre Mutter, für die es zu Beginn nicht einfach war, die Tochter in die Welt hinausziehen zu lassen, unterstützt ihr Vorhaben: «Ich habe Maribel zur Selbstständigkeit erzogen. Dass sie nun umsetzt, wovon sie immer geträumt hat, erfüllt mich mit grosser Freude und macht mich stolz!»

Warum nach Basel? Der Liebe wegen!
Aufgewachsen in der Nähe des Hallwilersees, «in einem Haus mit Gartenpavillon, den mein Vater selbst gebaut hat», zieht die damals Neunzehnjährige mit der Mutter nach Buchs. Die Eltern lassen sich scheiden, die Familie versprengt sich. Ihre beiden älteren Brüder, Mike und Luis, ziehen aus und gehen ihren eigenen Weg, der Vater wandert nach Italien aus. In dieser schwierigen Zeit wächst in ihr der unbändige Wunsch, das Leben selbst in die Hand zu nehmen. Doch wie und wo steht zu diesem Zeitpunkt noch in den Sternen.

Dann lernt sie über ihren Freundeskreis auf Facebook ihren heutigen Freund kennen, der in Basel wohnt. Sie schreiben sich eine Weile Nachrichten über WhatsApp, telefonieren ab und zu. Als sie sich in Basel ein Piercing machen lässt, nutzt Maribel Dominguez den Besuch in der Stadt, um ihn in Begleitung ihrer Mutter persönlich kennenzulernen. Sie will wissen, was für ein Mensch hinter den Fotos und den Nachrichten steckt. Also treffen sich die beiden im Restaurant des Altersheims Eglisee, seiner damaligen Arbeitsstelle. «Das war am 24. Juni 2013», daran erinnert sie sich noch genau. Liebe auf den ersten Blick sei es nicht gewesen. «Aber er war mir sympathisch.» Auf die erste Begegnung folgen weitere Treffen, und mit der Zeit werden sie ein Paar. «Doch eine Fernbeziehung kam für mich nie infrage, da weiss man ja nie, was er macht. Und als Freundin will man doch alles wissen.» Und so fasst Maribel Dominguez den Plan, in seine Nähe zu ziehen. Nach Basel, dorthin, wo ihr Glück, ihre Zukunft, wartet. Es ist der Aufbruch in ein neues Leben.

Bei ihren regelmässigen Besuchen in der Austrasse trifft sie ihre ehemaligen Mitbewohnerinnen und Mitbewohner.

Anfang 2014 zieht sie bei ihrer Mutter aus und bezieht ein Zimmer in der begleiteten Wohngemeinschaft an der Austrasse. Das Leben in der Stadt gefällt ihr, sie geniesst die neue Situation, die kleinen Freiheiten, die Arbeit, die Gesellschaft ihrer Mitbewohner. Ihren Freund, der ebenfalls eine Lernbeeinträchtigung hat und noch bei seiner Mutter wohnt, trifft sie täglich bei der Arbeit in der Werkstatt des WohnWerks. Daneben geht sie fleissig ins ‹Wohntraining›, um jene Dinge zu lernen, die nötig sind, um ihren Traum wahr zu machen.

Ihre Garderobe besteht zwar fast ausschliesslich aus schwarzen Kleidern. Doch beim Mandalamalen kann es Maribel Dominguez nicht bunt genug sein.

Die ersten Schritte in die Selbstständigkeit

Im August 2016 ist es so weit: Als erste Klientin des WohnWerks zieht Maribel Dominguez in die eigenen vier Wände. Einfach war es nicht, eine geeignete Bleibe zu finden. Viele Vermieter waren skeptisch, ob die junge Frau mit Lernbeeinträchtigung ihren Alltag überhaupt meistern könne. «Dazu kam, das sie genau wusste, was sie wollte. Und vor allem, was nicht», erinnert sich Samuel Lichtin mit einem Schmunzeln. «Einmal knarrte der Boden zu stark oder ein Gasherd war ihr nicht geheuer, dann wieder passte ihr das Gebäude nicht.» Maribel Dominguez nickt: «Das stimmt. Doch diese Wohnung hat mir auf Anhieb gefallen!» Kein Wunder, wohnt sie doch nun Tür an Tür mit ihrem Freund. Diesen glücklichen Zufall verdankt sie seiner Mutter, die nicht nur aktiv bei der Suche mithalf, sondern auch sofort ein gutes Wort bei ihrem Vermieter einlegte, als im Haus eine Wohnung frei wurde.

Ein Glücksfall. Auch für die Begleitpersonen vom WohnWerk, die eine Vertrauensperson in unmittelbarer Nähe ihrer Klientin wissen. Denn die beiden Frauen verstehen sich gut. «Sie weiss, dass sie jederzeit willkommen ist. Manchmal isst sie mit uns oder kommt auf ein Gespräch von Frau zu Frau vorbei.»

Anfangs muss sich Maribel Dominguez an die Stille gewöhnen. Daran, dass nun niemand mehr lautstark telefoniert, keiner durch die Gänge zum Essen ruft, abends keine Musik vom Nebenzimmer durch die Wand dringt und morgens kein Kaffeeduft in der Luft liegt. Gleichzeitig findet sie es herrlich. «Wenn ich die Tür hinter mir zumache, habe ich meinen Frieden. Genau das habe ich mir immer gewünscht.» Klar, nicht immer sei es leicht, die freie Zeit zu gestalten. Doch bevor ihr langweilig wird, schaut sie die südamerikanische Telenovela ‹Violetta› oder ‹Fluch der Karibik›, macht ein Puzzle oder nimmt die Farbstifte hervor und malt Mandalas. «Das ist wie eine Sucht. Wenn ich damit mal anfange, kann ich nicht mehr aufhören.» Genauigkeit und Biss sind ihre Stärken. Das weiss auch Daniel Riesen, Leiter der Abteilung B der Werkstatt des WohnWerks, wo sie die Woche über arbeitet. Zudem schätzt er ihre Flexibilität: «An einem Tag packt sie Dekorationsperlen ab, am nächsten sortiert sie Sonnenbrillen oder hilft bei der Produktion der Zwiebelketten, die wir für den *Zibelemärit* in Bern herstellen. Diese Arbeit ist alles andere als einfach, aber sie kann es inzwischen besser als ich.» Dass sie geschätzt wird, weiss Maribel Dominguez. Und sie ist stolz darauf: «Ich bin schnell. Deshalb habe ich auch schon eine Lohnerhöhung bekommen.»

Damit sie morgens rechtzeitig in der Werkstatt ist, klingelt bei Maribel Dominguez wochentags bereits um sechs Uhr der Wecker. Kurz darauf gönnt sie sich etwas, was es früher in der Wohngemeinschaft nur am Wochenende gab. Eine ihrer neuen, kleinen Freiheiten: eine Tasse Ovomaltine.

Die Baslerin Anina Rether

arbeitet seit achtzehn Jahren als Journalistin. Sie war tätig für Fernsehen, Radio, Zeitungen und Magazine im In- und Ausland, zuletzt als Ressortleiterin Kultur und Reisen bei der ‹Schweizer Illustrierten›. Heute ist sie freischaffende Buchautorin, Kultur- und Reisejournalistin und lebt in Zürich.

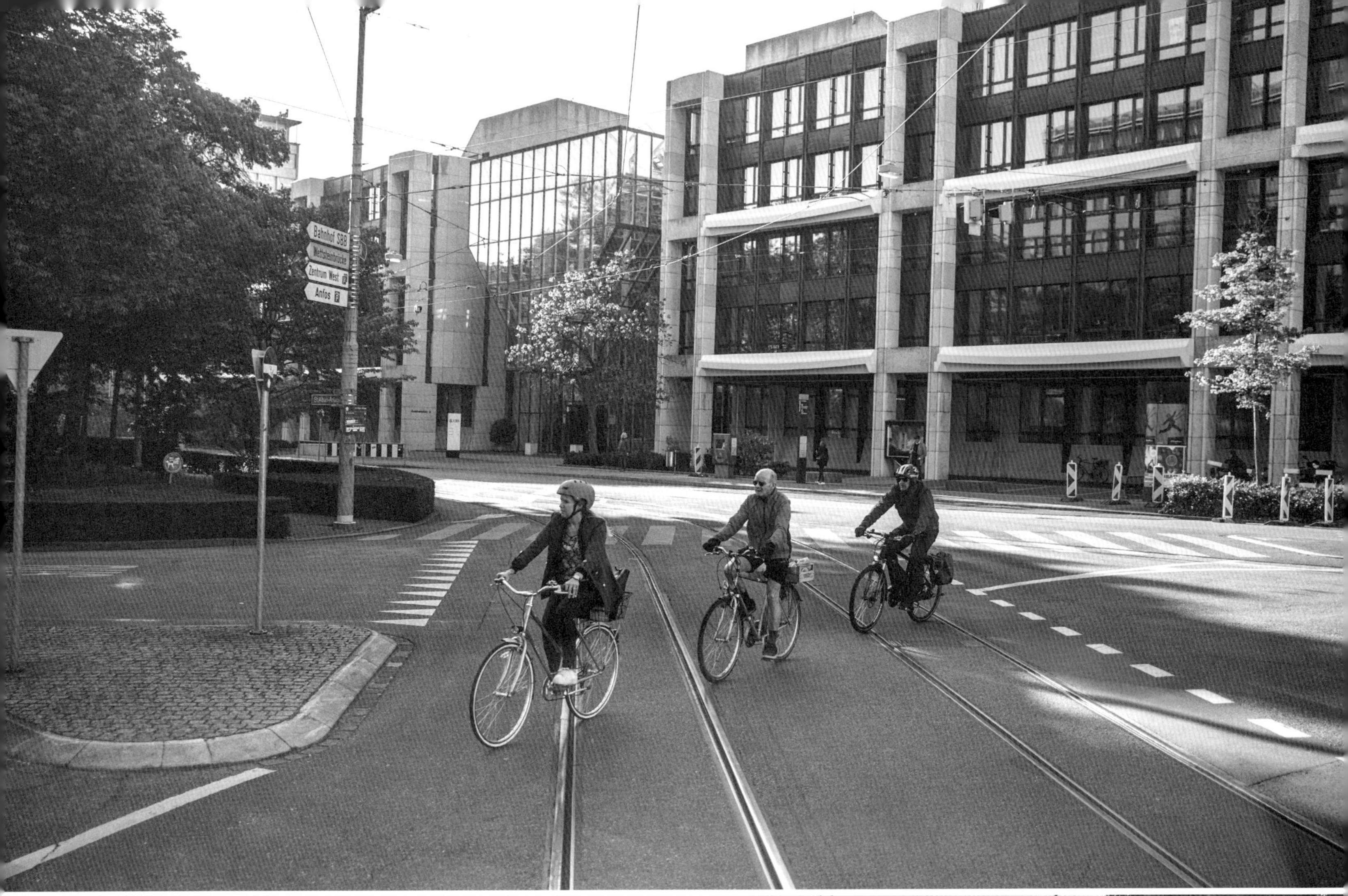
Bahnhof SBB
Wettsteinbrücke
Zentrum West
Anfos

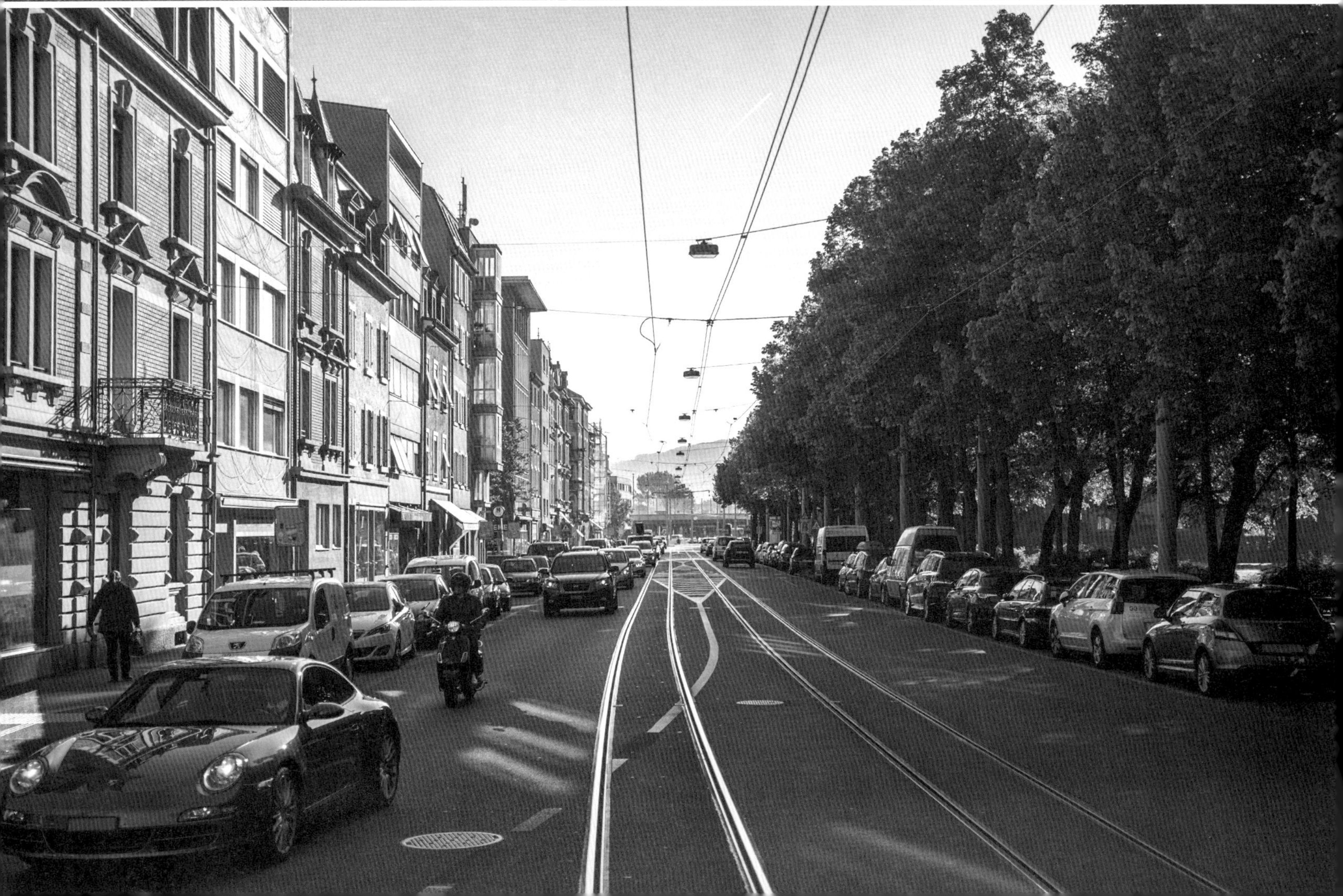

4

DAS WOHNWERK UND SEINE GESCHICHTE

TYPISCH BASEL: DAS WOHNWERK UND SEINE VERWURZELUNG IN DER BASLER GESELLSCHAFT

Daniel Hagmann

Es war kein Zufall, dass das heutige WohnWerk vor hundert Jahren in Basel gegründet wurde. Hier bot das ‹soziale Basel› einen fruchtbaren Nährboden. Dessen Wurzeln reichen bis zum Humanismus und zur Aufklärung zurück. Prägend war aber vor allem das Bürgertum der modernen Stadt. Dessen Vertreter engagierten sich in der privaten Wohltätigkeit. Parallel zur Entwicklung des Sozialstaats nahm so die Wohlfahrtsstadt Gestalt an.

«Gerade Basel kennt eine lange Tradition der Nächstenliebe und Menschlichkeit», schrieb der ehemalige Regierungsrat Jörg Schild 2007. Das stimmt: Humanisten wie Erasmus von Rotterdam plädierten hier schon vor fünfhundert Jahren für Fürsorge statt Almosen. Und baslerische Aufklärer wie Isaak Iselin setzten sich im 18. Jahrhundert für kindsgerechte Armutshilfe ein. Die Gründung der Basler Webstube 1917 knüpfte an diese Wurzeln an, und an die besonderen Umstände der jüngeren Stadtgeschichte. Was war an ihr denn so typisch baslerisch?

«Me setzt sich yy»

In Basel spielte die aufklärerische ‹Gesellschaft zur Beförderung des Guten und Gemeinnützigen› (GGG) eine wichtige Rolle. Sie wurde vom bekannten Philosophen Isaak Iselin 1777 gegründet und regte viele ehrenamtliche Initiativen zur Armutsbekämpfung an. Oberster Grundsatz war dabei, Armen eine Beschäftigungs- und Bildungsmöglichkeit zu bieten.

Neben dieser aufklärerischen Tradition spielt die besondere Modernisierungsgeschichte Basels eine prägende Rolle. Die alteingesessene reformierte Bevölkerung schottete sich lange von den katholischen Zuwandernden ab. Bis 1866 war das Bürgerrecht direkt an die reformierte Kirchenzugehörigkeit gebunden. Die Stadtbürger kontrollierten sowohl die staatliche wie die kirchliche Hilfe für Bedürftige.

Die politischen Reformen im Basler Staatswesen brachten dann gegen Ende des 19. Jahrhunderts einen Machtverlust des konservativen Stadtbürgertums mit sich. Umso mehr Bedeutung gewann für diese Kreise die private Wohltätigkeit. Eine reiche bürgerliche Oberklasse engagierte sich nun konsequent in privaten Vereinen und Stiftungen. Ein herausragendes Beispiel dafür ist etwa Christoph Merian, der sein grosses Vermögen der Stadt Basel vermachte, woraus die Christoph Merian Stiftung entstand.

Public Private Partnership

Die Basler Webstube war ein privater Verein, funktionierte aber von Beginn weg in Zusammenarbeit mit dem Staat. Die Webstube erhielt staatliche Hilfe in Form von Liegenschaften, Darlehen, Kostgeld oder Subventionen. Mehrere Vereinsgründer arbeiteten im staatlichen Sozialwesen, und 1935 nahmen zwei staatliche Delegierte Einsitz im Vereinsvorstand. Möglich wurde dies, weil Sozialpolitik seit der Jahrhundertwende zunehmend als Staatsaufgabe betrachtet wurde. Entsprechend unterstützte der Staat immer stärker jene privaten Engagements, die Aufgaben der Sozialpolitik ausführten. Das Gründungsjahr der

Webstube fiel zudem in eine Zeit grosser sozialer Not und wirtschaftlicher Herausforderungen. Es ist Zufall und dennoch typisch baslerisch, dass im selben Jahr eine andere bedeutende staatlich-private Initiative Gestalt annahm: die Schweizer Mustermesse.

Die Frauen und Männer der ersten Stunde, die Mitglieder des Vereinsvorstandes von 1917, widerspiegelten die typisch baslerische Mischung aus stadtbürgerlicher, konservativ-kirchlicher Tradition, aus aufklärerischem Engagement und sozialreformerisch-staatlichem Aufbruch. Unter ihnen fanden sich Lehrer, Mediziner, Pfarrersfrauen, Fürsorgebeamte, Delegierte der GGG und Vertreter des sogenannten Daigs, der Basler Oberschicht.

Erziehung zur Arbeit

Es war auch kein Zufall, dass man mit einer Webstube begann. Basel war als Sitz bedeutender Bandweberei-Unternehmer traditionell mit der Textilproduktion verbunden. Weben galt aber vor allem als einfach zu lernende Tätigkeit. Das städtische Zucht- und Waisenhaus hatte schon im 17. Jahrhundert Kinder zur Tuchproduktion eingesetzt – auch um die Kinder an das Arbeiten zu gewöhnen. Für die Basler Webstube galt das moralische Prinzip der Erziehung zur Arbeit ebenfalls. So hiess es im ersten Betriebsreglement: «Den Zöglingen werden Gehorsam, Ordnung und Reinlichkeit zur Pflicht gemacht.» Hier widerspiegeln sich zugleich protestantischer Arbeitsethos und aufklärerische Vorstellung, Behinderte und Arme seien mittels Arbeit gesellschaftlich zu integrieren.

Die Basler Webstube war – und ist auch heute, das sollte man nicht übersehen –, ein marktorientierter Gewerbebetrieb. Das erste angefertigte Produkt war ein Handtuch für die Ciba. Schon sehr früh schuf man ein schweizweites Vertriebsnetz mit Verkaufslokalen, Vertretern und Messeauftritten. ‹Basler Webstube› war ein geschützter Markenname, und sowohl in St. Gallen wie in Zürich wurden unter diesem Namen Filialbetriebe eröffnet.

Glaube und Bescheidenheit

«Glaube hiess die Webstube werden und gedeihen», hielt Heinrich Kestenholz in seinen Notizen fest. Die Nähe zum reformierten Basel zeigt sich einerseits in den Biografien und Motiven der Vereinsgründer. Aber auch der Standort des Betriebs spricht Bände. Schon bald nach dem Start erhielt die Webstube eine Liegenschaft der evangelischen Basler Missionsgesellschaft vermittelt. Räumlich wie mental war die Basler Webstube somit verknüpft mit dem ‹alten und frommen Basel›.

Das historische ‹Logo› der Basler Webstube

Missionarisches Auftreten war dabei kein Thema. Dies schloss allerdings nicht aus, dass etwa Heinrich Kestenholz 1929 einen Film über die Webstube produzieren liess und an Schulen zeigte. Noch in den 1990er-Jahren betonte die Leitung der Webstube, man lege keinen Wert auf Publizität. Ein Namenswechsel wurde wiederholt diskutiert. Doch der alte Name schien zu gut verankert in der baslerischen Gesellschaft, auch wenn die Webstühle inzwischen ins Museum gewandert waren. Die Umbenennung zu ‹WohnWerk› 2006 machte dann die Veränderungen hörbar: Das Wohnen und die kreative Arbeit hatten das Produzieren ergänzt. Doch es wird noch einige Zeit dauern, bis man in Basel ebenso selbstverständlich vom WohnWerk spricht, wie man sich an die Webstube erinnert.

Daniel Hagmann
ist Historiker. Als ‹Erinnerungspfleger› forscht und publiziert er seit vielen Jahren zur regionalen Geschichte. Er beschäftigt sich mit Biografien, Erinnerungskultur, Identitäten und Bildgeschichten. Daniel Hagmann lebt mit Partnerin und Kindern in Basel. Im Staatsarchiv Basel-Stadt ist er zuständig für Kommunikation und Vermittlung.

EINE IDEE WIRD HUNDERT

Daniel Hagmann

Es war einmal ... So fangen Märchen an. Auch die Geschichte des WohnWerks hört sich zuweilen an wie aus einer fernen, fremden Zeit. Im Laufe von hundert Jahren hat sich Grundlegendes verändert. Aus einem persönlichen Engagement heraus entstanden professionell geführte Sozialwerke. Es wurde viel gearbeitet, gebaut, gerungen und gelacht.

Die Basler Webstube, die Vorgängerorganisation des heutigen WohnWerks, geht auf das Jahr 1917 zurück. Heinrich Kestenholz-Rudin (1876–1941), der Gründer der Basler Webstube, hatte gute Gründe für sein Vorhaben. Als Posamenter vom Land, der für städtische Fabriken arbeitete, kannte er die Probleme armer Familien. Durch seinen Bruder Fritz kam er in Kontakt mit Hilfswerken für schulentlassene Jugendliche. Hier reifte seine Idee, für junge benachteiligte Menschen Arbeitsmöglichkeiten zu schaffen. Zu Beginn waren dies körperlich und geistig Behinderte; später sozial gefährdete Jugendliche.

Die verschiedenen Werke, die im Laufe der Jahre entstanden, vereinte das Motiv der Jugendfürsorge. Der Dachverein, dem die Werke angegliedert waren, blieb bis 2010 bestehen. Und seine Namensgeschichte macht die nachhaltige Verbindung aus der Gründerzeit noch deutlicher: Bis 1970 hiess der Verein ‹Basler Webstube›, seit 1929 mit dem Zusatz ‹Verein für Jugendfürsorge›. Erst 1971 verschwand die ‹Webstube› als Oberbegriff.

Zur Webstube, dem Textilproduktionsbetrieb für behinderte Knaben und Mädchen, kamen 1923 das Basler Jugendheim für straffällige Jugendliche, 1929 das landwirtschaftliche Erziehungsheim Erlenhof und 1953 das Aufnahmeheim. Allen Werken gemeinsam war, dass sie rasch wuchsen. Die ursprünglichen Gebäude genügten bald nicht mehr, Neubau- und Sanierungsvorhaben wurden immer dringlicher. Zwar verlegten alle Werke ihren Standort nach der Gründung nicht mehr, aber sie erweiterten und erneuerten ihre Räumlichkeiten stetig.

Auch die Betriebsformen und das Selbstverständnis dieser Sozialwerke entwickelten sich im Lauf der hundert Jahre in neue Richtungen. Treffend meinte der Jahresbericht 1950: «Trotzdem man eigentlich erwarten dürfte, dass in so vielen Jahren ein Betrieb seine feste Form und seine scharf umrissene Aufgabe finden würde, geht es auch unserm Verein so wie es allem Lebendigen geht: Das Ganze bleibt im Fluss und neue Probleme tauchen auf.» Wirtschaftskrisen erzwangen Anpassungen, Änderungen im Strafrecht schufen neue Anforderungen und führten zu neuen Angeboten. An die Stelle von Abschottung und Arbeitserziehung traten Ausbildung und Öffnung als Leitmotive. Und die wachsende öffentliche Kritik am Heimwesen beschleunigte Reformen. Nicht zuletzt veränderten sich die betreuten Menschen im Laufe des Jahrhunderts: Die Klienten der Webstube wurden älter, mit dem Drogenkonsum kamen neue Problemfelder für Jugend- und Landheim hinzu. Auch das Profil der Mitarbeitenden wandelte sich unter dem Einfluss der allgemeinen Professionalisierung sozialer Arbeit.

Wie viele andere Sozialwerke war die Webstube eine private Initiative, die immer mehr gesamtgesellschaftliche Aufgaben übernahm. Möglich wurde dies durch die Erträge der eigenen Arbeit, durch staatliche Unterstützung und durch anhaltende Spenden aus Bevölkerung und Wirtschaft. Auch das zieht sich wie ein roter Faden durch hundert Jahre Geschichte: die hohe Akzeptanz und die tiefe Verwurzelung der Webstube in Basels Politik und Gesellschaft.

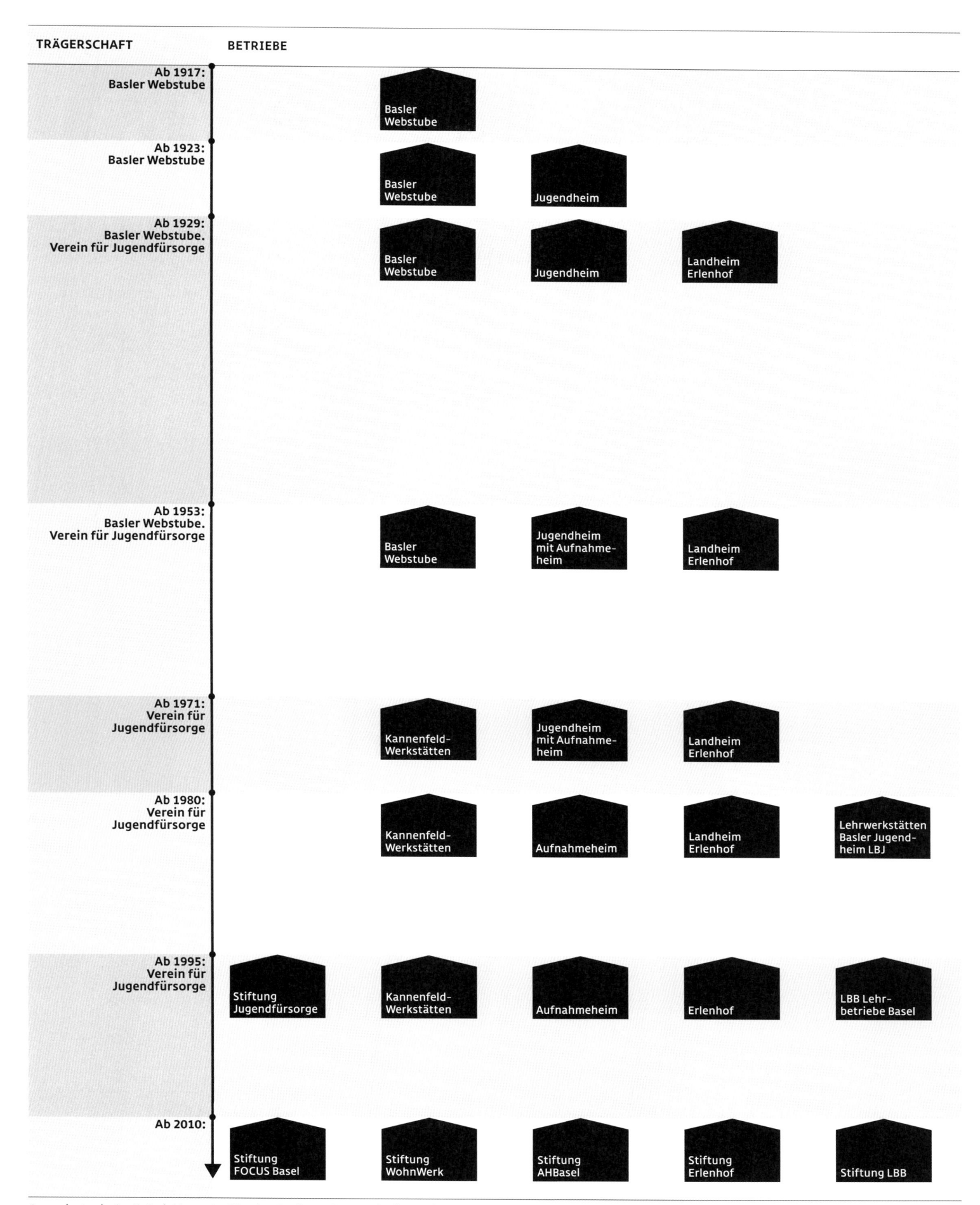

TRÄGERSCHAFT	BETRIEBE				
Ab 1917: Basler Webstube	Basler Webstube				
Ab 1923: Basler Webstube	Basler Webstube	Jugendheim			
Ab 1929: Basler Webstube. Verein für Jugendfürsorge	Basler Webstube	Jugendheim	Landheim Erlenhof		
Ab 1953: Basler Webstube. Verein für Jugendfürsorge	Basler Webstube	Jugendheim mit Aufnahmeheim	Landheim Erlenhof		
Ab 1971: Verein für Jugendfürsorge	Kannenfeld-Werkstätten	Jugendheim mit Aufnahmeheim	Landheim Erlenhof		
Ab 1980: Verein für Jugendfürsorge	Kannenfeld-Werkstätten	Aufnahmeheim	Landheim Erlenhof	Lehrwerkstätten Basler Jugendheim LBJ	
Ab 1995: Verein für Jugendfürsorge	Stiftung Jugendfürsorge	Kannenfeld-Werkstätten	Aufnahmeheim	Erlenhof	LBB Lehrbetriebe Basel
Ab 2010:	Stiftung FOCUS Basel	Stiftung WohnWerk	Stiftung AHBasel	Stiftung Erlenhof	Stiftung LBB

Organisatorische Entwicklung des Vereins Basler Webstube im Überblick. Die Namensänderungen der Trägerschaft und der einzelnen Betriebe sind vereinfacht dargestellt.

1917 Auf Initiative von Heinrich Kestenholz, einem Mitarbeiter der Basler Vormundschaftsbehörde, entsteht die Kommission Basler Webstube. Sie will schulentlassenen Jugendlichen mit Behinderung eine Arbeitsmöglichkeit bieten. Zwei Zimmer einer Staatsliegenschaft am Blumenrain 5 dienen als erste Arbeitsräume. Webstühle und Material werden von Dritten günstig zur Verfügung gestellt. Der Betrieb startet mit zwei behinderten Knaben, Fritz Sommer und Karl Saladin. Sie arbeiten unter der Leitung einer Posamenterin, Frau Lüscher.

1918 Die Kommission organisiert sich als ‹Verein Basler Webstube› mit Statuten und einem Betriebsreglement. Es werden weitere Jugendliche aufgenommen. Am Stapfelberg stellt die Staatsverwaltung Räume für eine Mädchenstube bereit. Dort verrichten junge behinderte Frauen einfache Näharbeiten und Vorarbeiten für das Weben. Anfänglich werden nur einfache Handtücher und Putzlappen hergestellt, bald auch Möbelstoffe, Vorhänge oder Wandbespannungen.

1919 Private Gönner überlassen dem Verein das Landgut Bergli bei Menzingen (ZG). Dort sollen Zöglinge in Landwirtschaft und industrieller Heimarbeit Beschäftigung und gesundheitliche Kräftigung finden.

1923 Das Basler Parlament stimmt dem Vorschlag des Vereins zu, zusätzlich ein Heim für die vorübergehende Unterbringung aufsichtsbedürftiger und straffälliger Jugendlicher zu schaffen. So entsteht das Jugendheim als zweiter Betrieb des Vereins. Ihm angegliedert sind Schlosserei, Schuhmacherei und Gärtnerei. Das Jugendheim zieht als Mieterin in das ehemalige Mädchenhaus der Missionsgesellschaft an der Missionsstrasse 47. Für die Webstube werden Shedhallen errichtet. Statuten und Zielsetzungen des Vereins erhalten eine entsprechende Erweiterung.

Heinrich Kestenholz-Rudin

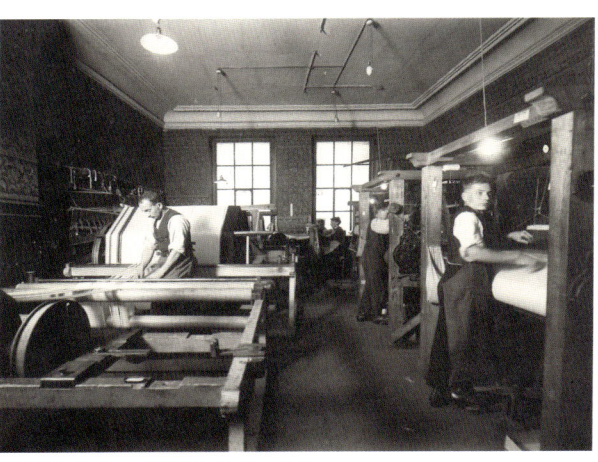

Die Webstube am Blumenrain, 1918

Alfred Ritter mit einem der ersten Gobelinteppiche, 1925

Frau Lüscher, Fritz Sommer und Karl Saladin

In der Mädchenstube, 1924

1925 Der Verein kauft das gesamte 5200 Quadratmeter grosse Areal zwischen Missionsstrasse und Nonnenweg. Erworben werden auch die Liegenschaften an der Missionsstrasse 47 und 49.

1929 Mit dem Erlenhof in Reinach (BL) entsteht neu ein Erziehungsheim, das Arbeitseinsätze in Landwirtschaft und Gartenbau ermöglicht. Weil im Jugendheim das Angebot an langfristigen Ausbildungsplätzen gewachsen ist, sollen schwierige Zöglinge nun neu im Erlenhof fern der Stadt körperlich und geistig gefestigt werden. Der Verein ergänzt seinen Namen und heisst neu ‹Basler Webstube. Verein für Jugendfürsorge›.

1931 Eine Verkaufsstelle in Zürich ergänzt das schweizweite Vertriebsnetz. Die Basler Webstube führt neu Ferienlager durch. Tagesausflüge mit Zöglingen fanden schon 1928 statt.

1934 Das Landheim Bergli muss aufgegeben werden. Es wären bauliche Aufwendungen nötig, für die das Geld fehlt, und der Beschäftigungsgrad der Zöglinge ist zu niedrig. Nach fast zwei Jahrzehnten tritt Heinrich Kestenholz, Gründer des Vereins Basler Webstube, aus der Leitung zurück.

1935 Zwei staatliche Delegierte des Regierungsrats sind neu in der Vereinsleitung vertreten. Im Folgejahr erhält der Verein erstmals eine mehrjährige staatliche Subvention zugesprochen.

1941 Die Freizeitgestaltung wird im Jugendheim immer wichtiger, und das Gebäude an der Missionsstrasse dient als Freizeithaus des Quartiers. In der Basler Freizeitaktion nimmt 1942 ein Vertreter des Jugendheims Einsitz.

1942 Das neue schweizerische Jugendstrafrecht betont Vorsorge stärker als Bestrafung. Entsprechend steigen die Belegungszahlen im Jugendheim auf einen Höchststand, 105 Jugendliche gehen ein und aus. Im Erlenhof wächst der Bedarf an Handwerkslehren.

Ausflug des Jugendheims, 1930

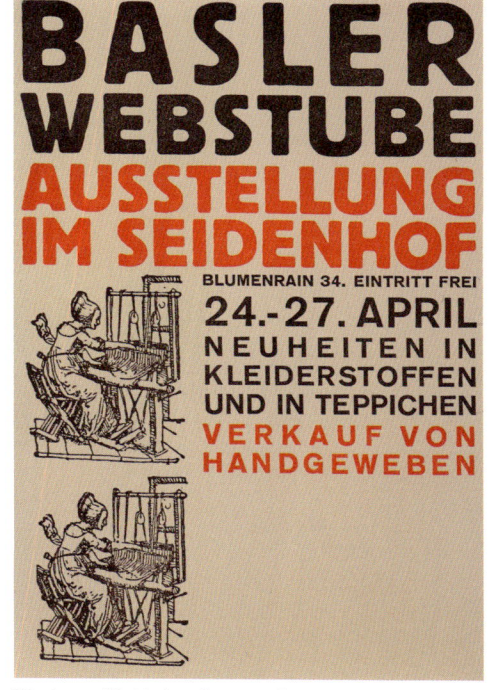

Werbung für Verkaufsausstellung, 1935

Aus dem Sortiment der Webstube

Das Schaufenster eines Verkaufsladens

Handtücher aus der Webstube

1943 Im Landheim Erlenhof beginnt der Um- und Neubau der Anlage. Als Erstes entsteht ein Wohnpavillon für Zöglinge, der das alte Bauernhaus entlasten soll.

1949 Bei der Webstube macht sich das Fehlen eines Internats bemerkbar. Die Schützlinge werden älter, verlieren ihre Eltern und müssen in Alters- und Armenhäuser umziehen. Das Landheim Erlenhof startet eine Zusammenarbeit mit der psychiatrischen Poliklinik.

1950 Die Bauarbeiten für das Jugendheim und das danebenliegende neue Aufnahmeheim beginnen. Im Landheim Erlenhof plant man die letzte Bauetappe. Dazu gehört eine Beobachtungsstation für kurzfristige Einweisungen Jugendlicher.

1953 Der Neubau des Basler Jugendheims kann bezogen werden. Zeitgleich wird das Aufnahmeheim als räumlich getrennte Abteilung des Jugendheims in Betrieb genommen. Im Aufnahmeheim sollen gefährdete Jugendliche kurzfristig Platz finden. Diese Funktion war ursprünglich dem Jugendheim und dann dem Erlenhof zugedacht, die sich dann aber anders entwickelten. Das Basler Jugendheim wurde zum Heim mit Lehrwerkstätten, das Landheim Erlenhof zum Erziehungsheim mit Landwirtschaft, Gärtnerei und Lehrwerkstätten.

1956 Ein grosses Kasernenfest mit Basar und eine Spendensammlung bei Firmen sichern die Finanzierung des seit Langem geplanten Neubaus der Webstube. Im Landheim Erlenhof wird die Beobachtungsstation Auf der Egg in Betrieb genommen.

Auf dem Heimweg von der Arbeit

In der Musterabteilung

Landwirtschaftliche Arbeit im Erlenhof

Impression vom Kasernenfest, 1956

1957 Der Präsident des Vereins Basler Webstube regt eine Namensänderung an. Der aktuelle Vereinsname entspreche nicht mehr dem Wirkungsfeld. Allerdings sei er in der Bevölkerung stark verankert. Der Verein behält seinen bisherigen Namen.

1958 Der Umbau der Webstube beginnt mit dem Abbruch alter Gebäude. Im Folgejahr können die neuen Räume für Büros, Näherei und Spedition bezogen werden.

1960 Der Werkstattneubau der Webstube wird in Betrieb genommen, und es treffen erste Aufträge aus der Industrie ein. Die Invalidenversicherung (IV) tritt in Kraft. Neu erhalten viele Zöglinge der Webstube eine Rente, was ihre Eltern finanziell entlastet. Ein Grossbrand im Landheim Erlenhof vernichtet die Vieh- und Getreidescheune mitsamt Vorräten.

1961 Die gesetzliche Arbeitszeitverkürzung bringt mehr Freizeit und erhöht den Erziehungsaufwand im Jugendheim. In Witterswil (SO) entstehen in der Folge ein Freizeithaus, ein Fussballfeld, eine Baumschule und ein Schwimmbassin.

1965 Im Basler Parlament wird von Politikern ein Antrag für ein ‹Wohnheim mit beschützenden Werkstätten für geistig Behinderte› eingereicht. Durch die zunehmende Zahl schwächerer Schützlinge steigt die Produktion einfacher Textilien in der Webstube, und es kommt zu Absatzproblemen.

1966 Ernst Müller, Leiter des Landheims Erlenhof, wirkt mit an der Planung eines Therapieheims für neurotische Jugendliche, wie es der Bundesrat vorschlägt. Der Verein Basler Webstube lehnt die Trägerschaft ab, aus personellen wie finanziellen Gründen.

Die neuen Gebäude der Webstube, 1960

Chor der Webstube, 1962

In der Färberei, vor 1959

Aufbau Freizeithaus des Jugendheims, 1961

Werbebroschüre, 1967

1968 Das Landheim Erlenhof gibt seinen Landwirtschaftsbetrieb auf und verpachtet ihn an den Schlatthof der Christoph Merian Stiftung. Die Webstube führt erste Aufträge für die Kartonageindustrie aus. Und im Jugendheim wird die Schuhmacherwerkstätte aufgehoben.

1970 Im Erlenhof übernimmt erstmals eine Einzelperson die Leitung, anstelle der bisherigen Ehepaare. Bei den Gruppenleitungen kommt es zum Wechsel von Leiterpaaren zu Teams.

1971 Der Trägerverein heisst neu nur noch Verein für Jugendfürsorge. Die einzelnen Betriebe nennen sich Kannenfeld-Werkstätten, Basler Jugendheim und Landheim Erlenhof. Die Namensänderung der Webstube ist auch eine Folge der jüngst erschienenen Webstübler-Witzbücher. Die Betroffenen empfinden die Bezeichnung Webstübler zunehmend als verletzend. Der Markenname Basler Webstube bleibt für die Produkte bestehen.

1972 Die in den Vorjahren lauter werdende öffentliche Kritik am Landheim Erlenhof erreicht mit der Kampagne der Lehrlingsgruppe Hydra ihren Höhepunkt. Die Vorwürfe betreffen den weichen Strafvollzug und den angeblichen Drogenkonsum.

1973 Die allgemeine wirtschaftliche Rezession wird spürbar. Die Kannenfeld-Werkstätten beginnen mit dem Abbau ihrer Textilproduktion und ihrer Verkaufsorganisation. Angestrebt werden nun vermehrt grosse Lohnaufträge aus der Industrie.

In den Lehrwerkstätten des Jugendheims

In der Kartonageabteilung, 1969

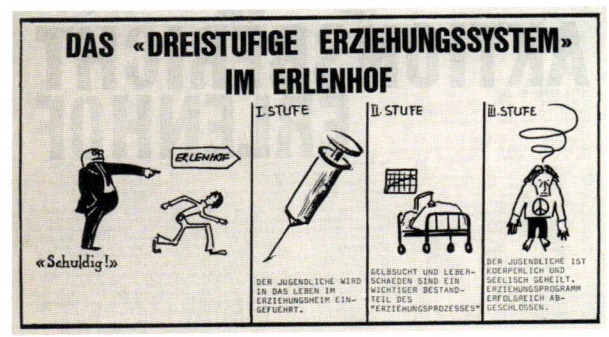

Aus der Hydra-Heimkampagne, 1972

Wanderungen und Arbeitseinsätze im Jugendheim

Montageaufträge aus der Uhrenindustrie

1980 Der Trägerverein beschliesst in Absprache mit den Basler Justizbehörden die Auflösung des Jugendheims. Dessen Lehrwerkstätten werden als eigenes Werk weitergeführt, unter dem Namen LBJ Lehrwerkstätten Basler Jugendheim. Das Aufnahmeheim verbleibt neu als selbstständiger Betrieb vorläufig auf dem Areal. Vorgesehen ist, das Aufnahmeheim in den Erlenhof zu integrieren.

1981 An der Missionsstrasse wird ein Wohnhaus für die behinderten Mitarbeitenden der Kannenfeld-Werkstätten eröffnet. In den Räumlichkeiten war zuvor das Jugendheim untergebracht. Unter Leitung einer Heilpädagogin entsteht eine Gruppe, die sich vor allem handwerklich-kreativ und musikalisch betätigt.

1986 Der Basler Regierungsrat verzichtet definitiv auf die Verlegung des Aufnahmeheims in den Erlenhof. Die Sanierung der bestehenden Bauten wird geprüft.

1989 Die Lehrwerkstätten des Jugendheims heissen ab 1990 LBB Lehrbetriebe Basel, da sie nicht mehr mit einem Heimbetrieb verbunden sind. Das Schreinereigebäude brennt ab. Im Erlenhof startet das erlebnispädagogische Pilotprojekt TREK. Es wird 1991 in das Angebot des Erlenhofs integriert. Die Kannenfeld-Werkstätten stellen die Textilproduktion endgültig ein, der letzte Webstuhl wandert ins Museum.

1991 Das Landheim Erlenhof heisst neu Erlenhof. Im Vorjahr ist dessen Begründer und langjähriger Leiter, Ernst Müller, gestorben.

1992 Der Verein für Jugendfürsorge feiert sein 75-Jahr-Jubiläum. Das Aufnahmeheim eröffnet nach einem Umbau neu, mit starker Nachfrage und vielen Drogenklienten in der geschlossenen Abteilung.

Impression vom Ferienlager im Jura

Fussballfieber in den Kannenfeld-Werkstätten

Verkaufsladen an der Missionsstrasse, 1979

In der Färberei, 1989

Jubiläumsfeier des Vereins für Jugendfürsorge, 1992

1993 Im Wohnheim der Kannenfeld-Werkstätten entsteht versuchsweise eine Wohngruppe für die selbstständigeren Pensionäre. Die LBB Lehrbetriebe Basel beziehen am Nonnenweg eine neue Schreinerei.

1994 Das Aufnahmeheim entwickelt ein Konzept für eine Drogenentzugsstation. Im Erlenhof wird die Koedukation von jungen Männern und Frauen wieder beschränkt, da sie zu starken sexuellen Spannungen geführt hat.

1995 Die Fonds aller vier Werke werden in die Stiftung Jugendfürsorge überführt und gemeinsam verwaltet. Eine neue Subventionsvereinbarung der LBB Lehrbetriebe Basel mit beiden Basler Halbkantonen bringt eine stärkere Marktorientierung und ermöglicht ein erweitertes Lehrstellenangebot.

1997 Der Verein für Jugendfürsorge erwägt eine Namensänderung. Allerdings dauert es noch drei Jahre bis zur neuen Bezeichnung Verein Jugendfürsorge.

1999 Ein Kreativatelier bietet in den Kannenfeld-Werkstätten neue Beschäftigungsmöglichkeiten.

2001 Das Wohnhaus der Kannenfeld-Werkstätten an der Austrasse wird eröffnet. Dort leben künftig zwei gemischte Wohngruppen.

2005 Nach mehrjähriger Planung fällt der Entscheid für ein Neubauprojekt der Kannenfeld-Werkstätten. Darin ist auch ein Wohnheim vorgesehen und eine Begegnungszone mit Kantine.

2006 Die Kannenfeld-Werkstätten wechseln ihren Namen und werden zum WohnWerk.

Sportanlage beim Aufnahmeheim

Werkstätten im Erlenhof

Gärtnerei der Lehrbetriebe beider Basel

Bühnenbild ‹Lovebugs› aus dem Kreativatelier, 2004

2007 Der Neubau des Wohn-Werks beginnt. Die Werkstätten und das Wohnhaus ziehen in Ersatzräumlichkeiten um. Das Aufnahmeheim eröffnet eine psychologische Abteilung, in Kooperation mit der Kinder- und Jugendpsychiatrischen Klinik Basel.

2010 Der Verein Jugendfürsorge und seine Werke organisieren sich neu als fünf selbstständige Stiftungen: AHBasel, Erlenhof, LBB, WohnWerk und FOCUS Basel. Das WohnWerk bezieht seinen Neubau.

2013 Im WohnWerk werden das Konzept Funktionale Gesundheit eingeführt und ein Leitbild in Leichter Sprache verfasst. Dank der neuen Zusammenarbeit zwischen Erlenhof und Invalidenversicherung (IV) wird die gesamte Dienstleistungskette von einer IV-Indikation bis hin zu beruflichen Massnahmen möglich. Geplant ist auch eine Öffnung der Institution für junge Frauen.

2014 Das Büro für Leichte Sprache im WohnWerk nimmt seinen Betrieb auf.

2015 Die Stiftung LBB Lehrbetriebe Basel nennt sich neu Stiftung LBB Lehrbetriebe beider Basel. Im Auftrag der Stiftung SapoCycle beginnt das WohnWerk mit dem Recycling von Seifenabfällen aus Luxushotels.

2016 Erstmals zieht eine Klientin des Wohnheims dank ambulanter Begleitung in eine eigene Wohnung um. Die Stiftung Erlenhof betreut in Arlesheim ein Erstaufnahmezentrum für unbegleitete, minderjährige Asylsuchende (UMA).

2017 Die Jubiläumsfeierlichkeiten des WohnWerks bieten unter anderem ein Konzert der Wohn-Werk-Band ‹Schreegi Vögel› mit dem Künstlerduo Igudesman & Joo und dem Sinfonieorchester Basel. An der Einfahrt zum Wohn-Werk wird ein ‹Schreeger Vogel› installiert, eine von den Klienten des WohnWerks gestaltete Skulptur.

Abbrucharbeiten für den Neubau des WohnWerks, 2007

Einzug in den Neubau, 2010

Die WohnWerk-Band ‹Schreegi Vögel›, 2013

Spende für Neubau, 2007

Sommerfest im WohnWerk, 2017

UND WEITER GEHTS!

Mark Ehrsam

Auch hundert Jahre nach seiner Gründung als Basler Webstube wird das WohnWerk nicht müde, sich für eine Gesellschaft zu engagieren, an der Menschen mit einer geistigen Beeinträchtigung möglichst selbstständig und selbstbestimmt teilhaben.

Wer hundert wird, schaut demütig zurück. Geniesst dankbar die Gegenwart und tut vermutlich gut daran, sich seine Zukunft in bescheidenen Farben auszumalen.

Und das WohnWerk? Hundert Jahre nach seiner Gründung als Basler Webstube schaut die Stiftung WohnWerk zwar stolz und zufrieden auf das Erreichte zurück, hat gleichzeitig aber wenig Grund, sich auszuruhen. Im Gegenteil! Das WohnWerk ist zwar einen weiten Weg gegangen. Und auch die Gesellschaft hat in den vergangenen Jahren viele Fortschritte gemacht, wenn es um das Verständnis und das Zusammenleben von und mit Menschen mit einer geistigen Beeinträchtigung geht. Trotzdem sind wir noch immer ein gutes Stück davon entfernt, der Andersartigkeit als Normalität zu begegnen, sie als Eigenschaft zu verstehen und als Ausdruck von Individualität zu akzeptieren und zu respektieren.

Vielleicht ist es eine Illusion zu glauben, dass es dem Menschen je gelingen wird, Andersartigkeit nicht als merkwürdig oder gar bedrohlich zu erleben. Dennoch hält das WohnWerk an seiner Vision fest. Es ist die Vision einer Gesellschaft für alle und mit allen.

Eine Institution, die hundert Jahre alt geworden ist, muss einiges richtig gemacht haben! So lastet die Vergangenheit denn auch nicht als Bürde auf den Schultern des WohnWerks, sondern als kostbarer Rucksack mit reichlich Proviant, von dem sich in den kommenden Jahren zehren lässt. Damit fällt es leicht, optimistisch in die Zukunft zu blicken.

Das WohnWerk wird sich auch in Zukunft dafür einsetzen, dass Menschen mit einer geistigen Beeinträchtigung so selbstständig und so selbstverständlich wie möglich am gesellschaftlichen Leben teilhaben können. Inklusion lautet das Ziel, zu dem sich schliesslich auch der schweizerische Staat mit seiner Bevölkerung verpflichtet hat. Für das WohnWerk bedeutet dies, sein Engagement über die eigenen vier Wände hinaus auszudehnen und die Bevölkerung in seine Aktivitäten einzubinden. Etwa mit dem Projekt der Sozialcoaches (vgl. Seite 35). Oder indem vermehrt Projekte mit externen Partnern realisiert werden wie bei SapoCycle (vgl. Seite 73). Oder indem mehr und mehr Menschen mit Beeinträchtigung dabei begleitet werden, ausserhalb des WohnWerks zu arbeiten und zu wohnen, wie das Maribel Dominguez heute vormacht (vgl. Seite 80).

Naturgemäss hält die Zukunft viel Ungewisses bereit. Die Pläne etwa, wie die Begleitung und Unterstützung von Menschen mit Beeinträchtigung künftig von der öffentlichen Hand finanziert werden, sehen einen Systemwechsel vor: Anstatt Institutionen wie das WohnWerk mit Mitteln auszustatten, sollen diese jeweils den Leistungsbezügern zukommen, die selbst entscheiden, wo sie welche Dienstleistungen in Anspruch nehmen. Dies stellt sowohl die Menschen mit Beeinträchtigung als auch die Institutionen vor grosse Herausforderungen. Mit der zunehmenden Lebenserwartung stellen sich auch konkrete Fragen um die Gestaltung der gewonnenen Lebensjahre und um den Umgang mit den damit verbundenen gesundheitlichen Aspekten – besonders auch für Menschen mit geistiger Beeinträchtigung.

Was immer die Zukunft bringen mag, das WohnWerk fühlt sich bestens gerüstet. Nicht nur dank der reichen Erfahrung aus seiner hundertjährigen Tätigkeit, sondern im Besonderen auch dank der Erfahrung, sich bis heute stets auf die Unterstützung unzähliger Privatpersonen, Mitarbeitenden, Institutionen, Unternehmen und Organisationen verlassen zu können. Dies führt zur Zuversicht und der Gewissheit, dass Menschen mit einer geistigen Beeinträchtigung mit der Unterstützung aller ihren selbstverständlichen Platz in unserer Gesellschaft finden werden. Es muss ja nicht weitere hundert Jahre dauern bis dahin.

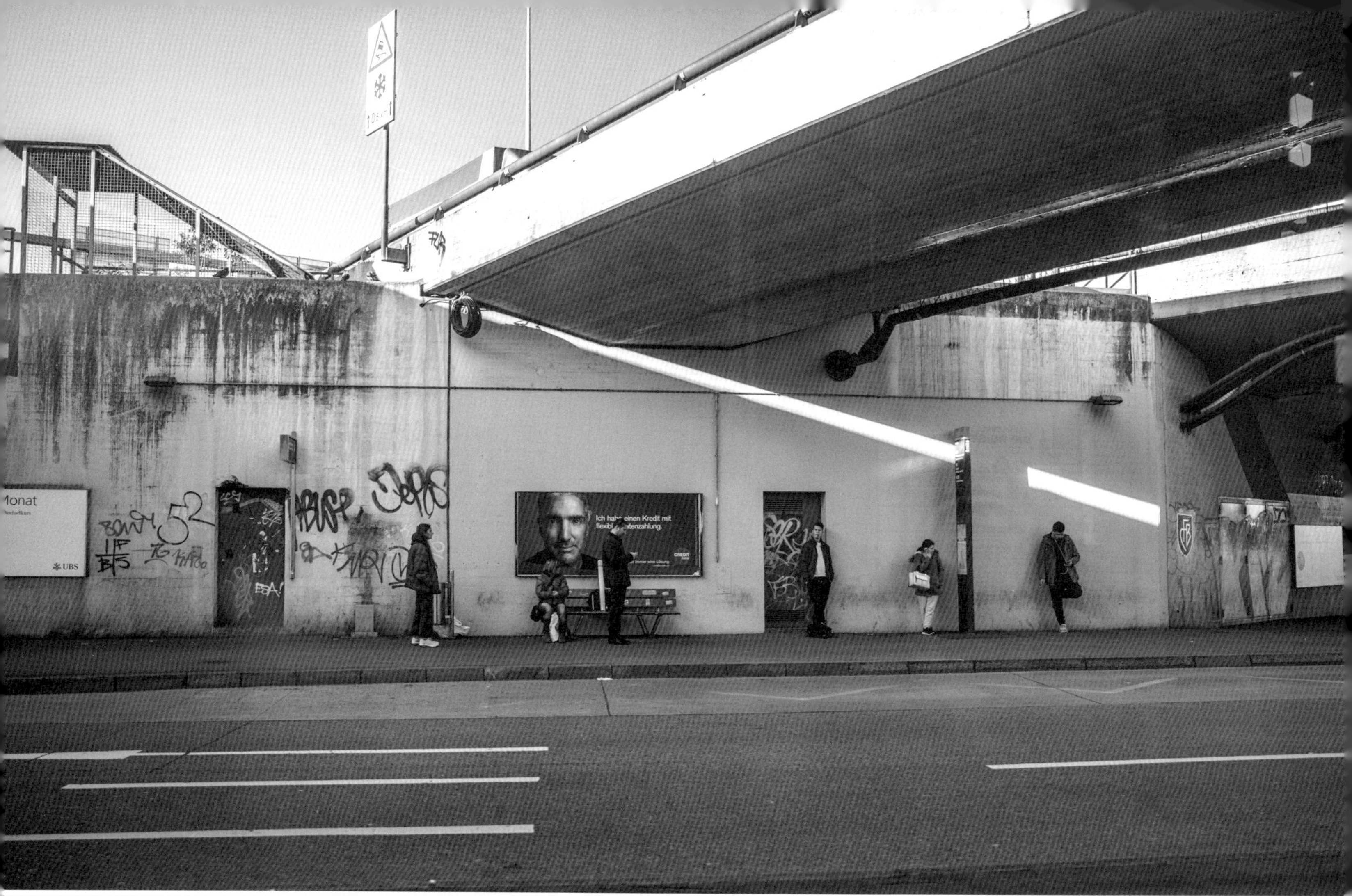
Monat
UBS

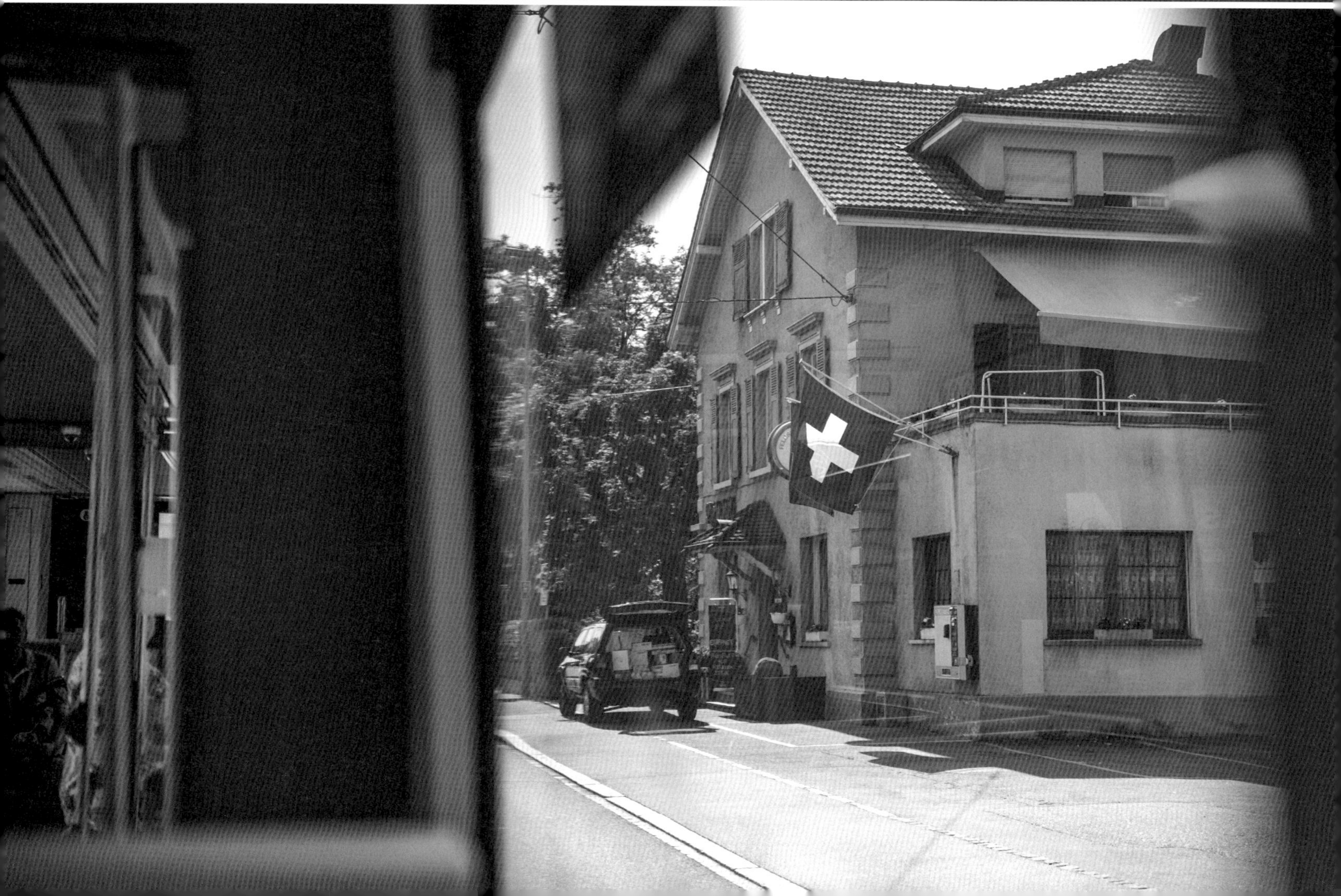

ANHANG

LITERATUR

Zum Text von Ueli Mäder
(Seite 12–14)

Kutzner, Stefan / Mäder, Ueli / Knöpfel, Carlo / Heinzmann, Claudia / Pakoci, Daniel (2009): *Sozialhilfe in der Schweiz. Klassifikation, Integration und Ausschluss von Klienten*. Zürich: Verlag Rüegger.

Mäder, Ueli / Schwald, Andreas (2017): *Dem Alltag auf der Spur. Zur Soziologie des Alltags*. Zürich: Edition 8.

Seiz, Ursula / Schütz, Martin / Schaffner, Gerhard / Hutmacher, Thomas (1992): *75 Jahre Verein für Jugendfürsorge, 1917–1992*. Basel: Basler Zeitung.

Zum Text von Barbara Jeltsch-Schudel
(Seite 16–20)

Bundesverfassung der Schweiz: www.admin.ch

Crenshaw, Kimberle (1989): *Demarginalizing the Intersection of Race and Sex: A Black Feminist Critique of Antidiscrimination Doctrine, Feminist Theory and Antiracist Politics*, University of Chicago Legal Forum: Vol. 1989: Iss. 1, Article 8. Available at: http://chicagounbound.uchicago.edu/uclf/vol1989/iss1/8

Crenshaw, Kimberle (1991): *Mapping the Margins: Intersectionality, Identity Politics, and Violence against Women of Color*. Stanford Law Review, Vol. 43, No. 6, (Jul., 1991), pp. 1241–1299, published by: Stanford Law Review Stable URL: www.jstor.org/stable/1229039

Dederich, Markus (2013): *Inklusion und das Verschwinden der Menschen. Über Grenzen der Gerechtigkeit*. Behinderte Menschen 1/2013, 33–42.

Dederich, Markus (2014): *Intersektionalität und Behinderung – Ein Problemaufriss*. Behinderte Menschen, 1/2014 und http://austriaforum.org/af/Wissenssammlungen/Essays/Menschen_mit_Behinderung/2014_Dederich_Intersektionalität_und_Behinderung

Hearn, Jeff / Louvrier, Jonna (2015): *Theories of Difference, Diversity and Intersectionality: What Do They Bring to Diversity Management?* In: The Oxford Handbook of Diversity in Organizations. Edited by Regine Bendl, Inge Bleijenbergh, Elina Henttonen and Albert J. Mills. DOI: 10.1093/oxfordhb/9780199679805.013.28

ICF, Internationale Klassifikation der Funktionsfähigkeit, Behinderung und Gesundheit, Stand Oktober 2005: www.dimdi.de/static/de/klassi/icf/

Intersektionalität: www.portal-intersektionalitaet.de/startseite/portal-intersektionalitaet/

Jeltsch-Schudel, Barbara (2008): *Identität und Behinderung – Biografische Reflexionen von Menschen mit Seh-, Hör- und Körperbehinderung*. Oberhausen: Athena-Verlag.

Jeltsch-Schudel, Barbara (2013): *Inklusion von Menschen mit lebenslanger Behinderung im Alter – wünschbare oder unerwünschte Realität?* In: Ackermann, Karl-Ernst / Musenberg, Oliver / Riegert, Judith (Hg.), *Geistigbehindertenpädagogik!? Disziplin – Profession – Inklusion*. Oberhausen: Athena, 409–438.

Pons: Lateinisch-Deutsches Wörterbuch: www.de.pons.com

Robertson, Quinetta M. (2006): *Disentangling the Meanings of Diversity and Inclusion in Organizations Group & Organization Management*, Vol. 31, No. 2, April 2006, 212–236. DOI: 10.1177/1059601104273064

Stichweh, Rudolf / Windolf, Paul (Hg.) (2009): *Inklusion und Exklusion: Analysen zur Sozialstruktur und sozialen Ungleichheit*. Wiesbaden: VS Verlag für Sozialwissenschaften | GWV Fachverlage GmbH.

Waldschmidt, Anne (2005): *Disability Studies: Individuelles, soziales und/oder kulturelles Modell von Behinderung?* P&G 1/05, 9–31.

Walgenbach, Katharina (2012): *Intersektionalität – eine Einführung*. www.portal-intersektionalitaet.de

Wansing, Gudrun: *Konstruktion – Anerkennung – Problematisierung: Ambivalenzen der Kategorie Behinderung im Kontext von Inklusion und Diversität*. In: Soziale Probleme 25 (2014), 2, pp. 209–230. URN: http://nbn-resolving.de/urn:nbn:de:0168-ssoar-447987

WohnWerk Basel: Homepage: www.wohnwerk-bs.ch

Zum Text von Mark Ehrsam
(Seite 35–37)

Herrmann, Katharina (2017): *Begegnung zwischen Menschen mit und ohne kognitive Beeinträchtigung – Ein Gewinn für alle. Sozialpädagogische Möglichkeiten, um Begegnungen zwischen Menschen ohne Beeinträchtigung und Menschen mit einer kognitiven Beeinträchtigung zu ermöglichen, mit dem Ziel, Vorurteile zu beheben*. Unveröffentlichte Bachelorarbeit an der HSA-FHNW. Olten.

WIR SIND DAS WOHNWERK
(per 5.4.2017)

Theresia Abegglen
Marcel Aebersold
Sonja Albertin
Priska Ankli
Angelo Antonazzo
Dino Enrico Armati
Uwe Armbruster
Daniel Bachofer
Rico Bagutti
Annamarie Bearth-Veraguth
Sali Berisha
Claude Berner
Gülay Bicen
Bernadette Bissegger
Markus Blum
Michael Bonjour
Lukas Braun
Rodney Anthony Brunschwiler
Gabriela Bucher
Alain Buchs
Doris Bürgisser
Brigitte Burri
Jacqueline Buser
Hugo Bütler
Thomas Büttiker
Andreas Buxtorf
Michele Fernando Campagna
Laura Christen
Judith Curschellas
Edith Dällenbach
Lorenz Danzeisen
Daniel Daverio
Daniela Deck
Thomas Degen
Rita Denicola
Pia Dietschy
Sonja Ditzler
Maribel Dominguez
Ivan Dragic
Stephan Egger
Mark Ehrsam
Beatrice Eichenberger
Jetmire Emini
Walter Erbacher
Sabine Erni
Katharina Feuerbacher
Philipp Feuermann
Claude Flückiger
Astrid Flükiger
Jeannine Flükiger
Beat Friedli
Eric Frutos
Urs Gander
Daniel Gasser
Hanspeter Gautschi
Rita Geiger
Nicole Georgi-Brückner
Paulo Germann
Irene Gfell
Ueli Gfeller
Markus Girod
Sascha Graff
Veronika Gugg
Christian Häfeli
Frieda Halbeisen
Martin Häne
Priska Hänni
René Hänni
Michael Häusler
Gabriela Hercher
Ursula Heutschi
Claudia Higy
Karl Hofer
Bärbel Hoffmann
Mirco Hofmeier
Sigmund Huber
Silas Huber
Lukas Imhof
Stephan Imobersteg
Karin Imsand
Marcel Imseng
Christine Inderbinen
Giovanni Iuliano
Tamara Jankovic
Francoise John
Cornelia Kabus
Christina Kaestli
Selin Karcin
Rahel Karlen
Daniel Kasper
Heidi Kaufmann
Philipp Kaufmann
Nimet Kavak
Walter Keller
Ernst Kiefer
Yasemin Kilic
Feray Kocahal
Dominik Köchler
René Krautheim
Bernhard Kunz
Nimmy Kurisinkal
Songül Kurt
Rahel Kurzbein
Branislav Lazic
Daniela Leuenberger
Sonja Leu
Michel Leutwyler
Oliver Leutwyler
Samuel Lichtin
Nicole Löliger
Vito Macelletti
Juan José Macias
Boris Mandic
Edith Marfurt
Anna Marx
Jean-Pierre Maurer
Maria Mazgula
Thomas Messerli
Desirée Meury
Lara Molinari
Marcel Moser
Pascal Muckensturm
Melanie Muggli
Isabelle Müller
Tobias Müller
Shagithya Nalliah
Matthias Nobs
Claudia Rosalia Orballo
José Ornstein
Katharina Osswald
Michele Parrello
Bruno Peter
Claudio Pintarelli
Sabatino Pizzolante
Daniela Preissner
Lucas Preiswerk
Bettina Quaderer-Schweizer
Andrea Quinodoz
Gian Carlo Raone
Jürg Rediger
Anna (Nina) Rehm
Andrea Rellstab
Reto Ries
Daniel Riesen
Marcel Riner
Remo Rivolta
Tania Rodrigues
Jean-Marc Romanens
Christian Romano
Michael Rüdisühli
Simon Patrick Rudolf
Christoph Ruf
Nicole Rutten
Nadine Salvisberg
Anja Sarti
Christian Schär
Iglesia Schaub-Ghisalberti
Robert Schaufelberger
Esther Scheurer
Roger Schmid
Nicolas Schmidt
Myriam Schorer
Siegfried Schörlin
Diego Schubiger
Reto Schucan
Eva Schweigert
Michael Seagull
Gayatri Selvayoganathan
Nicole Caroline Senn
Stephan Sieber
Rahel Sollberger
Ursula Stahel
Monika Stalder
René Steiner
Jasmin Steinger
Michel Stippich
Roland Strathausen
Sebastian Strittmatter
Lukas Studer
Vanessa Karelys Stuker
Fabian Sutter
Reto Sutter
Helga Szabo
Jürg Tanner
Benno Tanner
Pia Tanner
Bülent Tanriverdi
Philipp Tenchio
Ngu De Thai
Barbara Thiévent-Gloor
Gurbet Tirpanci
Hannelore Troxler
Patrick Trüssel
Gülcan Tümer
Peter Tümmers
Sandra Useinoski
Joe Valiyaveettil
Bastian Vögelin
Tina Vorgrimler
Alexis Vrahasotakis
Esther Vuille
Cathérine Wächter
Rolf Weber
Hanspeter Weckerle
Sebastian Weisskopf
Thomas Wetzel
Rosmarie Wermeille
Jacqueline Weyeneth
Ira Noah Wittlin
Nicole Wittlin
Brigitte Wölfle
Peter Wyss
Ramazan Yurdagül
Edith Zehr
Ahmed Zentani
Kai Ziolkowski
Nadia Züger

KUNDENLISTE

Aquaform AG, Biel-Benken
Arocom AG, Reinach BL
Atelier Domino, Basel
Balcart AG, Therwil
Basler Verkehrs-Betriebe BVB, Basel
Basler Versicherung AG, Basel
Beiersdorf AG, Reinach BL
Birkhäuser+GBC AG, Reinach BL
BMZ Druck AG, Muttenz
Brauerei Fischerstube, Basel
Buchhandlung Kunstmuseum Basel, Basel
Budgetclub AG, Basel
Bühlmann Laboratories AG, Schönenbuch
Carrier Kältetechnik Schweiz AG, Pratteln
Coop, Schweiz, Basel
Coop Mineraloel AG, Allschwil
Corporate Fashion International AG, Basel
CPT AG, Basel
Delta Light AG, Allschwil
Druckerei Bloch AG, Arlesheim
Esselte Leitz Switzerland GmbH, Allschwil
Fondation Beyeler, Riehen
Fondation SapoCycle, Basel
Fossil Group Europe GmbH, Basel
Gaba Schweiz AG, Therwil

Gantenbein AG, Birsfelden
Gerber Trockenfrüchte, Riehen
Haass AG, Muttenz
Implenia Schweiz AG, Basel
In Out Sports AG, Aesch
Into Schüleraustausch GmbH, Chur
Kammerorchester Basel, Basel
L+B AG Liegenschaftsberatung, Basel
Manor AG, Basel
Mepha Schweiz AG, Basel
Merz Pharma (Schweiz) AG, Allschwil
Mibelle Group – Mifa AG, Frenkendorf
Museum Tinguely AG, Basel
Perfosan AG, Reinach BL
Provimi Kliba AG, Kaiseraugst
RDM Roland Dietrich, Allschwil
Rhenus Freight Logistics AG, Basel
Rippstein Pierre AG, Basel
Rothen Medizinische Laboratorien AG, Basel
Selsup (Schweiz) SA, Therwil
Sillber AG, Basel
Sinfonieorchester Basel, Basel
Smurfit Kappa Swisswell AG, Möhlin
Steudler Press AG, Basel
Sweet Basel AG, Birsfelden
Swiss Classic, Basel
Swiss Professional Media AG, Basel
Tschudin-Verpackung, Liestal
Universitätsspital Basel, Basel
Viollier AG, Basel
Werner Druck & Medien AG, Basel
Zebrafish Fashion GmbH c/o EBC AG, Zug
Zweipunkt GmbH, Basel

STIFTUNGSPORTRÄTS

2010 organisierte sich der Verein Jugendfürsorge neu und teilte sich in die fünf heutigen selbstständigen Stiftungen auf: AHBasel, LBB Lehrbetriebe beider Basel, Erlenhof, WohnWerk, FOCUS Basel. Allen Tätigkeiten der einzelnen Stiftungen liegt noch immer der Grundgedanke des ehemaligen Vereins Jugendfürsorge zugrunde: die Gemeinnützigkeit und die Ausübung von betreuenden und sozialpädagogischen Aufgaben für Jugendliche und Menschen mit Behinderung.

AHBasel

Das AHBasel ist eine Durchgangsinstitution mit einer offenen und einer geschlossenen Abteilung für männliche Jugendliche im Alter zwischen zwölf und achtzehn Jahren. Hier werden Jugendliche aufgenommen, die strafrechtlich in Erscheinung treten oder durch zivilrechtliche Behörden, unter anderem wegen persönlicher oder familiärer Schwierigkeiten angemeldet werden. Im Auftrag der einweisenden Behörden führt das AHBasel sozialpädagogische Abklärungen durch. Die Jugendanwaltschaften können forensische Gutachten durch externe Fachpersonen im AH durchführen lassen, die zivilrechtlichen Behörden Persönlichkeitsabklärungen. Ziel ist, den Behörden Massnahmen zu empfehlen, die sich auf die Entwicklung der Jugendlichen positiv auswirken.

Die Jugendlichen, die ins AHBasel eingewiesen werden, zeichnen sich in der Regel durch eine krisenhafte Entwicklung aus: Konflikte mit dem sozialen Umfeld, Probleme mit der Identitätsfindung, mangelnde Akzeptanz von Regeln und Normen der Gesellschaft bis hin zu delinquentem Verhalten bestimmen ihre Biografie. In solchen krisenhaften Entwicklungsphasen benötigen Jugendliche einen besonders klaren und verbindlichen Rahmen, der ihnen Orientierung und Halt bietet. Dazu gehören Regeln und ein strukturierter Tagesablauf. Mitarbeitende aus der Sozialpädagogik, der Pädagogik und der Arbeitsagogik kümmern sich rund um die Uhr und an 365 Tagen pro Jahr um die Jugendlichen. Der Aufenthalt im AHBasel stellt einen grossen Einschnitt im Leben der Jugendlichen dar, da ihre Selbstbestimmung tief greifend beschränkt wird. Beim Eintritt wird jedem Jugendlichen eine Bezugsperson zur Seite gestellt. Ziel der Arbeit mit den Jugendlichen ist, sie dahingehend zu fördern, dass sie Perspektiven entwickeln, um ein eigenständiges und deliktfreies Leben führen zu können.

Seit dem 1. Januar 2010 ist das AHBasel eine Stiftung nach schweizerischem Zivilrecht. Sie untersteht der öffentlichen Aufsicht durch das Bundesamt für Justiz sowie der Abteilung Jugend- und Familienangebote des Erziehungsdepartements des Kantons Basel-Stadt.

Stiftung LBB Lehrbetriebe beider Basel

Die Stiftung LBB gilt als ein fachlich und pädagogisch kompetenter Lehrbetrieb für handwerkliche Berufe und gleichzeitig als professioneller, im realen Markt aktiver Produktionsbetrieb. Soziales Engagement und unternehmerische Leistung sind eng miteinander verbunden.

Jährlich sind rund 65 Jugendliche im Alter zwischen sechzehn und 25 Jahren in Ausbildung zum Gärtner (EBA/EFZ), Polymechaniker (EFZ), Produktionsmechaniker (EFZ), Schreiner (EFZ) oder Schreinerpraktiker (EBA) in einem der drei Betriebe der Stiftung LBB.

Dank der eigenen, internen Berufsfachschule gehen Theorie und Praxis nahtlos ineinander über.

Die Lernenden werden in der Regel von denselben Personen unterrichtet, die sie auch im Betrieb als Ausbildner begleiten. Man kann dadurch auf das unterschiedliche Leistungsvermögen der Lernenden besser eingehen und sie gezielt nach ihren Bedürfnissen vom Lehrbeginn bis zum erfolgreichen eidgenössischen Lehrabschluss fördern. Dieses Konzept trägt Früchte, denn die LBB-Lernenden glänzen seit Jahren bei den Prüfungen mit einer überdurchschnittlichen Abschlussquote von rund 95 Prozent.

Eine gute berufliche Qualifikation gilt als beste Arbeitslosenversicherung. Bei der Stiftung LBB erhalten auch Jugendliche, die oft nicht auf der Sonnenseite des Lebens stehen, eine Chance zum Berufseinstieg. Sie lernen, im Arbeitsmarkt erfolgreich zu agieren und sich in der wirtschaftlichen Realität zu behaupten.

Die Finanzierung des Geschäftsmodells der Stiftung LBB ist zukunftsweisend. Sie arbeitet nach betriebswirtschaftlichen Grundsätzen und steht im direkten Wettbewerb mit anderen Anbietern. Die drei Betriebe stellen hochwertige, marktreife Produkte her und erbringen erstklassige Dienstleistungen. Beides zu konkurrenzfähigen Preisen. Damit sichern sie den erforderlichen Eigenfinanzierungsgrad von mindestens fünfzig Prozent.

Auch in Zukunft wird die Stiftung LBB eine wichtige Rolle spielen: Perspektive durch Ausbildung!

Das Zentrum Erlenhof

In vier unterschiedlichen Geschäftsfeldern (Jugendhilfe, Berufsintegration, Produktion und Asyl) betreut das Zentrum Erlenhof seit 2013 durchschnittlich achtzig junge Frauen und Männer, mehrheitlich zwischen dem 14. und 22. Lebensjahr, in ihrer persönlichen, gesellschaftlichen sowie beruflichen Entwicklung.

Als von der ‹Interkantonalen Vereinbarung für soziale Einrichtungen› (IVSE) anerkannte Institution betreibt das Zentrum Erlenhof im Auftrag des Kantons (Amt für Kind, Jugend und Behindertenangebote sowie dem Amt für Volksschulen), des Bundes (Bundesamt für Justiz und im Bereich der unbegleitet, minderjährigen Asylsuchenden mit der Koordinationsstelle für Asylbewerber Basel-Landschaft) sowie der Sozialversicherungsanstalt (IV) ein diversifiziertes Angebot an Dienstleistungen.

Im Bereich Dauerbetreuung wohnen die jungen Menschen in unterschiedlich intensiv betreuten stationären Wohngruppen sowie ambulanten Wohnangeboten. Die Angebote sind ganzjährig betreut. Für ausserordentliche Situationen (Platzierungsüberbrückung, Situationsentlastung, Krise oder Wochenend- respektive Ferienaufenthalte auf Wunsch der Klienten) koordiniert eine spezifische Abteilung Familienplatzierungen in einer der vierzehn angegliederten Pflegefamilien innerhalb der Schweiz.

Parallel betreibt das Zentrum Erlenhof eine vom Kanton Basellandschaft anerkannte Sekundarschule Niveau A und E mit Kleinklassen sowie in enger Vernetzung eine berufsintegrierende Tagesstruktur, mit der die Jugendlichen innerhalb ihres individuell abgestimmten Stundenplans bei Bedarf praktische Berufsorientierung und Praxiserfahrung sammeln können. Zudem bietet die Tagesstruktur die Möglichkeit des internen Time Outs bei Schulmüdigkeit oder krisenbehafteten Konflikten innerhalb der internen Abteilungen (Entlastung). Ebenfalls im Bereich der Schule verfügt das Zentrum Erlenhof über ein duales Brückenangebot (10. Schuljahr), in enger Zusammenarbeit mit den Ausbildungsbetrieben.

Als weitere Ergänzung können Klienten in einem der sechs internen Ausbildungsbetriebe insgesamt acht unterschiedliche Berufsintegrationsmassnahmen beziehen. Diese reichen von der klassischen Ausbildung Eidgenössisches Fähigkeitszeugnis (EFZ) und Eidgenössisches Berufsattest (EBA) bis zum Kompetenznachweis (zwei Jahre) und der IV-Anlehre (ein Jahr). Ebenfalls können Berufseignungsabklärungen, Arbeitstrainings sowie Berufsvorbereitungen durchgeführt werden. Sowohl in der Jugendhilfe als auch in der Berufsintegration der IV können dadurch individuelle Berufsentwicklungen, unter Umständen finanziert durch unterschiedliche Kostenträger, innerhalb des Zentrums Erlenhof bearbeitet werden (von der Schule bis zur Berufsintegration). Nebst den internen Ausbildungsbetrieben besteht für die Jugendlichen während eines Wohnaufenthalts auch die Möglichkeit einer externen Lehre in einer der zahlreichen Berufsbranchen der Region Nordwestschweiz.

Die Institution engagiert sich seit 2014 mit einem Erstaufnahmezentrum sowie zwei spezifischen Wohngruppen im Bereich der Betreuung von unbegleitet minderjährigen Asylsuchenden.

Stiftung FOCUS Basel

Die Stiftung FOCUS Basel widmet sich seit ihrer Gründung im Jahre 2010 der Verwaltung und Weiterentwicklung der ihr bei der Aufteilung des Vereins Jugendfürsorge zugeteilten Areale Missionsstrasse/Nonnenweg in Basel und Erlenhof in Reinach. Ebenfalls ist sie verantwortlich für die Verwaltung und Vermehrung des Finanzvermögens zugunsten der bestehenden Institutionsstiftungen und allfälliger neuer Tätigkeitsfelder im Rahmen der Zweckbestimmungen der Stiftung FOCUS.

Zur Erfüllung ihres Zwecks richtet FOCUS Basel Leistungen an die von den Stiftungen AHBasel, Erlenhof, LBB Lehrbetriebe beider Basel und WohnWerk betriebenen Institutionen aus. Sie kann ihren Zweck auch durch Beiträge an andere natürliche oder juristische Personen verfolgen.

Ihren Stiftungszweck erreicht FOCUS Basel mit verschiedenen Massnahmen. Verwaltung, Unterhalt und Ausbau der stiftungseigenen Liegenschaften erfolgen in Zusammenarbeit mit den eingemieteten Institutionsstiftungen. Die Areale werden für deren Tätigkeiten weiterentwickelt und für die Zukunft gesichert. Des Weiteren fördert FOCUS Basel die Zusammenarbeit und die Solidarität unter den einzelnen Institutionsstiftungen. Diese Tätigkeit wird mit den Mitteln eines Liegenschafts- und Solidaritätsfonds gefördert und sichergestellt. Ergänzende und neue Projekte sollen die Jugendlichen und die Menschen mit Behinderung fördern. Dies geschieht in Zusammenarbeit mit den Institutionsstiftungen sowie Dritten.

KURZBIOGRAFIE DER FOTOGRAFEN

Kostas Maros
entschied sich 2011 nach einem Schulabschluss in Frankreich, einem Jurastudium an der Universität Basel und mehrjähriger juristischer Tätigkeit in Anwaltskanzleien und Versicherungen für einen Karrierewechsel und eine Weltreise. Kurz vor Abreise stieg er als Fotopraktikant bei der ‹Basler Zeitung› ein, wo seine fotografische Entwicklung startete. Nach seiner Rückkehr folgten Assistenzen und Weiterbildungen im In- und Ausland. Heute lebt Kostas Maros in Basel und arbeitet in der Schweiz und im Ausland für Editorial- und Corporate-Kunden. Daneben setzt er regelmässig persönliche Reportage- und Kunstprojekte um. Er wird von der Agentur 13photo vertreten.

Kathrin Schulthess
ist freiberufliche Fotografin und lebt in Basel. Zu ihren Schwerpunkten zählen Reportagen und Porträts zu Architektur und Kultur, wobei sie ihre Arbeit mit einer regen Reisetätigkeit nach Asien, Nord- und Südamerika verbindet. Daraus entstanden diverse Ausstellungen und Publikationen, unter anderem mit Lochkamera-Fotografien.

Jonas Schaffter
studierte Visuelle Kommunikation an der Hochschule für Gestaltung und Kunst in Basel. Nach einem Aufenthaltsjahr in Istanbul wandte er sich der Dokumentarfotografie und dem Dokumentarfilm zu. Heute studiert er Realisation Dokumentarfilm an der Zürcher Hochschule der Künste (ZHdK) und arbeitet als Gestalter, Fotograf und Filmemacher. Im Zentrum seiner gestalterischen Arbeit steht dabei der soziokulturelle Austausch.

BILDNACHWEIS

Archiv der Stiftung WohnWerk,
Seite 87

Archiv der Stiftung WohnWerk; Staatsarchiv Basel-Stadt,
DS SB 1266 (Werbung 1935), Seite 90–91

Archiv der Stiftung WohnWerk; Staatsarchiv Basel-Stadt,
PA 978 C 4.1 2 (Erlenhof), Seite 92–93

Archiv der Stiftung WohnWerk; Schweizerisches Sozialarchiv, Zürich: Signatur KS 335/41b-20_9 (Hydra),
Seite 94–95

Stiftung WohnWerk; Stiftung LBB Lehrbetriebe beider Basel; Stiftung Zentrum Erlenhof, Seite 96–97

Kostas Maros,
Seite 43–63

Jonas Schaffter,
Seiten 2, 6–9, 10, 15, 25, 38, 42, 64, 66–71, 72–77, 84, 99

Kathrin Schulthess,
Seiten 4/5, 26–32, 78/79, 80–83

DANK

Das WohnWerk dankt allen Gönnerinnen und Gönnern herzlich, die mit ihrem Beitrag zur Verwirklichung der vorliegenden Publikation beigetragen haben. Insbesondere sind dies:

Jacqueline Albrecht, Basel
Mathis Büttiker, Basel
Cagliostro-Stiftung, Basel
Fondation Ombrie, Basel
Fossil Group Europe GmbH, Basel
Marianne und Thomas Geigy-Hug, Riehen
Urs Gloor, Basel
Rita und Christoph Gloor, Riehen
Ingrid Goppelsroeder, Basel
Annetta und Gustav Grisard, Riehen
Simone und Pierre Grumbacher, Basel
Implenia Schweiz AG, Zürich
Isaac Dreyfus-Bernheim Stiftung, Basel
Muriel und Peter Koechlin-von Wyttenbach, Basel
Renate und Hanspeter Kraft-Saxer, Basel
Ursula und Michael La Roche, Basel
Ruth und Alex Locher, Riehen
Silvia und Werner G. Lüthy, Arlesheim
Tanja und Daniel Mrose, Möhlin
Elisabeth und Felix Reiff Sarasin, Riehen
Ursula und Andreas Rey, Basel
Schwabe AG, Muttenz
SFAG Holding AG, Basel
Stiftung FOCUS, Basel
Sulger-Stiftung, Basel
Swisslos-Fonds Basel-Stadt
Thomi Hopf Stiftung, Basel

IMPRESSUM

Bibliografische Information der Deutschen Nationalbibliothek: Die Deutsche Nationalbibliothek verzeichnet diese Publikation in der Deutschen Nationalbibliografie; detaillierte bibliografische Daten sind im Internet über http://dnb.dnb.de abrufbar.

© 2017 Christoph Merian Verlag und Stiftung WohnWerk Basel

Alle Rechte vorbehalten; kein Teil dieses Werkes darf in irgendeiner Form ohne vorherige schriftliche Genehmigung des Verlags reproduziert oder unter Verwendung elektronischer Systeme verarbeitet, vervielfältigt oder verbreitet werden.

ISBN 978-3-85616-851-3
www.merianverlag.ch

Herausgeberin
Stiftung WohnWerk Basel
(Verantwortung: Mark Ehrsam, Basel)

Idee und Konzept
Mark Ehrsam, Basel
Christine Loriol, Zürich

Projektleitung und Lektorat
Regula Walser, Zürich

Korrektorat
Judith Blumenthal, Magadino
Antonella Rigamonti, Frick

Gestaltung
Neeser & Müller, Basel

Bild Umschlag vorne
Kostas Maros, Basel

Bild Umschlag hinten
Jonas Schaffter, Basel

Lithografie
Sturm AG, Muttenz

Druck
Schwabe AG, Muttenz

Bindung
Grollimund AG, Reinach

Schriften
NN Rekja, NN Medien

Papier
Munken Lynx, 300g/m²
Arctic Volume White, 170g/m²